中国农机企业创新能力评价研究（2024）

张宗毅　等◎著

人民日报出版社

北京

图书在版编目（CIP）数据

中国农机企业创新能力评价研究 / 张宗毅等著.
北京：人民日报出版社，2024.10. -- ISBN 978-7
-5115-8457-1

Ⅰ. F426.4

中国国家版本馆CIP数据核字第2024CN7405号

书　　名：中国农机企业创新能力评价研究
　　　　　ZHONGGUO NONGJI QIYE CHUANGXIN NENGLI PINGJIA YANJIU
著　　者：张宗毅　等著
出 版 人：刘华新
责任编辑：刘天一
封面设计：中尚图
出版发行：人民日报出版社
社　　址：北京金台西路2号
邮政编码：100733
发行热线：（010）65369527　65369846　65369509　65369512
邮购热线：（010）65369530
编辑热线：（010）65363105
网　　址：www.peopledailypress.com
经　　销：新华书店
印　　刷：三河市中晟雅豪印务有限公司
法律顾问：北京科宇律师事务所 010-83632312

开　　本：710mm×1000mm　1/16
字　　数：78千字
印　　张：5.5
版次印次：2024年10月第1版　2024年10月第1次印刷
书　　号：ISBN 978-7-5115-8457-1
定　　价：49.00元

中国农机企业创新能力评价课题组
成员名单

组　　　　　　长　　张宗毅

专利数据小组成员　　汪满容　王　允　孙琪隆

标准数据小组成员　　李雨欣　康　琪　马泽君

首台（套）数据小组成员　　魏　娟　陈天旻　杨　阳

企业认定数据小组成员　　张欣璞　张　奇

购机补贴数据小组成员　　张宗毅　张　奇

摘 要

2024 年 1 月，习近平总书记在二十届中共中央政治局第十一次集体学习时强调，发展新质生产力是推动高质量发展的内在要求和重要着力点。农业机械化是加快农业农村现代化的关键抓手和基础支撑，是现代农业的重要标志之一，是节水、节肥、节药和农业废弃物处理等技术的物质载体。面对美国挑起经贸摩擦，大搞技术封锁、"脱钩"等保护主义行径，我们大力实施创新驱动发展战略，推进关键核心技术攻关和自主创新，加快建设创新型国家和世界科技强国。2021 年开始，农业农村部和工业和信息化部联合启动农机装备补短板行动。那么谁是农机补短板的依靠力量呢？党的二十大报告指出"创新是第一动力""强化企业科技创新主体地位，发挥科技型骨干企业引领支撑作用"。在此背景下，对农机制造企业创新能力评估，既有利于主管部门掌握行业创新能力现状、问题，进而制定有针对性的技术政策和产业政策，同时也有利于企业自身对标找差。

本报告设计了包含 3 个一级指标、5 个二级指标、14 个三级指标的指标体系。具体来说，包含创新投入、创新过程和创新结果 3 个一级指标，创新平台、发明专利、标准制定、市场份额、制造能力 5 个二级指标，以及国家级企业技术中心认定情况、省级企业技术中心认定情况、高新技术企业认定情况、有效发明专利数、高价值专利数、PCT 专利申请数量、参与起草国家标准数量、参与起草行业标准数量、产品销售额、产品分布省份数量、综合产品市场占有率、机具品目数量、综合产品型号数相对值、首台（套）重大技术装备等 14 个三级指标，并结合专家意见及指标具体

1

情况进行了权重赋予。

本报告选定了 2023 年销售额累计超过 8000 万元的 91 家内资农机企业作为评价对象，结合国家发展改革委认定的国家级企业技术中心名单、各省（自治区、直辖市）发展改革委认定的省级企业技术中心名单、高新技术企业认定管理工作网、六棱镜全球产业科技情报分析系统、全国标准信息公共服务平台、全国 38 个省级单位（含计划单列市、兵团、农垦）的农机购置补贴辅助系统公示数据、各省（自治区、直辖市）公布的（拟）认定名单公示信息等多源大数据，对这 91 家农机企业的以上 14 个指标数据进行了采集。

在每个指标详细分析的基础上，本报告根据设计的指标体系和系列数据处理原则，选出创新投入、创新过程、创新结果三个维度总得分排前50 的农机企业，具体名单见正文的图 5-3。

报告通过深入研究发现以下几种情况。（1）从企业看，创新能力的头部效应较为明显。如创新能力最强的 50 家农机企业里，拥有国家级企业技术中心的占 22%，拥有有效发明专利数超过 100 项的 9 家，超过 20 项的 5 家，牵头起草国家标准数量排第 1 的企业起草的国家标准数量是排第 2 企业的 5.6 倍，农机销售额排第 1 的企业销售额是排第 2 企业的 2 倍。（2）从细分行业看，新型行业正在崛起。除了传统的拖拉机、收割机企业外，创新能力靠前的企业还有农用无人机企业、农用北斗终端及辅助驾驶系统、粮食和茶叶色选机企业。传统行业的头部企业的创新过程得分偏弱，主要度量市场体量的创新结果得分较高；而新型行业的头部企业的创新过程得分较高，创新结果得分由于市场还在成长中，有待进一步提升。（3）从区域分布看，存在显著的区域集中情况。50 家农机企业中山东 12家，江苏 7 家，河北、安徽各 4 家，浙江、新疆、河南各 3 家，广东、上海、湖南、黑龙江各 2 家，北京、湖北、重庆、天津各 1 家。

当然，本报告数据采集过程中使用的检索数据源、检索方法、检索式等均有可能造成数据结果的偏差，加之我们业务水平仍有待提高，评价结果难以确保绝对客观，仅供参考。本报告涉及的排名不属于政府主管部门发布，仅是学术成果。敬请读者批评指正。

目　录

1 评价指标体系

本章简要介绍评价意义与对象、指标体系构建原则、指标选择、三级指标数据采集与预处理、指标权重确定、数据来源等内容。

1.1 评价意义与对象

1.1.1 评价意义

农业机械化是转变农业发展方式、提高农村生产力的重要基础，是实施乡村振兴战略的重要支撑。而农业机械是农业机械化的物质基础（张桃林，2012），没有质量可靠、性能优越的农业机械就没有高度发展的农业机械化。农业机械不仅能弥补农业劳动力转移导致的农业综合生产能力空缺（张宗毅等，2014），还能作为节水（郎景波等，2015）、节肥（葛继红和周曙东，2011）、节药（王喆等，2019）等资源节约型技术，保护性耕作等环境友好技术（高焕文等，2003），3S 和 ICT 通信及智能化技术（胡静涛等，2015）的载体，对现代农业的发展至关重要。多个研究表明，农业机械化是资本深化实现农业生产率提高的完全中介，也即唯一路径（徐建国和张勋，2016）。

因此，党和政府高度重视农业机械化和农机装备的发展。2004 年以来历年中央一号文件均对农业机械化发展提出具体要求，2022 年中央一号文件更是明确提出"全面梳理短板弱项，加强农机装备工程化协同攻关，加快大马力机械、丘陵山区和设施园艺小型机械、高端智能机械研发制造并纳入国家重点研发计划予以长期稳定支持"。2023 年、2024 年一号文件延续了"大力实施农机装备补短板行动"的表述。2004 年开始，国家实施了农机购置补贴政策，至今已持续 20 年。此外，2010 年、2018 年还由国务院分别发布了针对农机装备的专项指导意见《关于促进农业机械化和农机工业又好又快发展的意见》和《关于加快推进农业机械化和农机装备产业转型升级的指导意见》。

面对美国挑起经贸摩擦，大搞技术封锁、"脱钩"等保护主义行径，我们大力实施创新驱动发展战略，推动关键核心技术攻关和自主创新，加快建设创新型国家和世界科技强国。2021 年开始，农业农村部和工业和信息化部联合启动农机装备补短板行动。

那么谁是农机补短板的依靠力量呢？企业是经济活动的主体，也是创新活动的主体，其具备将技术优势转化为产品优势，将创新成果转化为商品，通过市场得到回报的内在需求（郭玥，2018）。党的二十大报告也指出"创新是第一动力""强化企业科技创新主体地位，发挥科技型骨干企业引领支撑作用"。在此背景下，对农机制造企业创新能力评估，既有利于主管部门掌握行业创新能力现状、问题，进而制定有针对性的技术政策和产业政策，同时也有利于企业自身对标找差。

1.1.2 评价对象

本次评价对象选择了 2023 年销售额累计超过 8000 万元的 91 家内资农机企业，销售数据来源为包括计划单列市、新疆生产建设兵团、黑龙江农垦和各省（自治区、直辖市）在内的 38 个省级（副省级）单位的农机购置补贴辅助系统公示数据。

1.2 指标体系

1.2.1 指标选择原则

（1）科学性原则：指标体系的构建应避免各指标间信息的重叠。

（2）系统性原则：企业创新是一个系统工程，包括创新积累、研究开发、生产制造、新产品销售等多个环节。因此，在构建指标体系时，应结合企业创新的全过程，系统、全面地反映企业的实际创新能力。为此，综合已有关于企业创新能力评估相关文献（陈国宏等，2007；苟燕楠和董静，2009；陈劲等，2017），本指标体系考虑了企业创新投入、创新过程和创新结果三个维度。

（3）导向性原则：指标体系应体现企业技术创新的标志性成果和成果应用情况，如高价值发明专利数量、首台（套）重大技术装备、市场占有率等，以引导企业向创新方向发展。

（4）少而精原则：评价指标并非越多越好，关键在于选择具有良好代表性的指标，以满足企业创新能力评估和分析的需要，对重要程度偏低的指标则进行了舍弃。

（5）数据可获得性原则：指标体系应具有可行性与可操作性，指标的数据要便于采集，计算方法要科学合理，评价过程要简单易懂，利于掌握和操作。同时，还要考虑到资料收集的现实性。

1.2.2 指标选择

通过文献分析，关于企业创新能力评估，大多分为创新投入、创新过程、创新结果三个维度，为此本报告借鉴了相关研究，包含创新投入、创新过程、创新结果 3 个一级指标。

（一）创新投入指标

创新投入主要包括企业对研发人员、研发场地、研发设备和研发资金的投入，但这些指标难以从公开渠道获取。由于企业为了获得税收减免、科研经费支持、人才补贴、技术改造补贴、园区租金减免、融资便利等，一般会积极争取高新技术企业认定，甚至有能力的企业会积极争取国家级企业技术中心的认定，而这些资格认定过程中企业必须向主管部门提交关于研发人员、研发场地、研发设备和研发资金等投入情况的数据。因此，本报告用国家级企业技术中心（X_1）、省级企业技术中心（X_2）、高新技术企业（X_3）3 个指标来度量农机企业创新投入情况。

（二）创新过程指标

发明专利、论文、国家或行业标准起草制定等都是企业创新过程中的标志性成果。

（1）发明专利是企业构建知识产权"护城河"的重要手段，为此企业拥有有效发明专利情况是评估企业创新过程的重要指标，进一步可以细分为有效发明专利数、高价值专利数、国外专利（PCT）申请数。同时，兼顾专利质量和数量，用有效发明专利数（X_4）度量专利数量，用高价值专利数（X_5）和 PCT 申请数量（X_6）代表专利质量，用以上 3 个三级指标来重点评估发明专利。

（2）标准的起草制定代表了企业在行业中的地位。为此，创新过程指标还考虑了标准起草制定情况，用国家标准（X_7）和行业标准（X_8）起草制定数来评估，团体标准和企业标准则不予考虑。

（三）创新结果指标

企业的创新投入、创新过程，最终要体现在市场份额、制造能力等创新结果上。一个企业的发明专利再多，若最终不能体现在市场占领上，那么这些创新价值就会大打折扣。为此，选择创新结果指标如下。

（1）对于市场份额，本报告选择产品销售额（X_9）、产品分布省份数量（X_{10}）、综合产品市场占有率（X_{11}）3 个三级指标来分别度量企业产品的市场份额绝对值、产品的区域占领情况、企业主产品在同类产品中的市场份额占有情况。

（2）对于制造能力，本报告选择能制造的机具品目数量（X_{12}）代表制造能力广度，选择制造的综合产品型号数相对值（X_{13}）（与同行中型号数量最多企业的同类产品型号数相比）代表制造能力深度，选择首台（套）重大技术装备（X_{14}）代表企业首创能力。

1.2.3　三级指标数据测度

国家级企业技术中心（X_1）。被认定为国家级企业技术中心则赋值 1，未认定则赋值 0。

省级企业技术中心（X_2）。被认定为省（自治区、直辖市）级企业技术中心则赋值 1，未认定则赋值 0。

高新技术企业（X_3）。被认定为高新技术企业则赋值 1，未认定则赋值 0。

有效发明专利数（X_4）。以被评价农机企业为申请人或当前权利人的中国有效发明专利实际数量。

高价值专利数（X_5）。以被评价农机企业为申请人或当前权利人的中国发明专利中，属于高价值专利的实际数量。高价值发明专利主要是指符合国家重点产业发展方向、专利质量较高、价值较高的有效发明专利，符合以下 5 种情况之一即认定为高价值专利：一是战略性新兴产业的发明专利，二是在海外有同族专利权的发明专利，三是维持年限超过 10 年的发明专利，四是实现较高质押融资金额的发明专利，五是获得国家科学技术奖或中国专利奖的发明专利。

PCT 申请数量（X_6）。专利合作条约（PCT）下以被评价农机企业为申请人或当前权利人的国际专利数量。

国家标准数量（X_7）。检索出的被评价农机企业牵头或参加的全部有效（现行）的国家标准数量。企业牵头起草的计 1 项、作为第 2 起草单位计 0.5 项、作为第 3 起草单位计 0.3 项，第 4 及以后不计算。

行业标准数量（X_8）。检索出的被评价农机企业牵头或参加的全部有效（现行）的行业标准数量。企业牵头起草的计 1 项、作为第 2 起草单位计 0.5 项、作为第 3 起草单位计 0.3 项，第 4 及以后不计算。

X_4、X_5、X_6、X_7、X_8 几个指标，由于在不同行业间差距较大，分布也呈偏态，为此，结合专家意见，对其进行分类赋值处理，分类方法为：0 项赋值为 0，大于 0 且小于等于 5 项赋值为 1，大于 5 且小于等于 20 项赋值为 2，大于 20 且小于等于 100 项赋值为 3，大于 100 且小于等于 200 项赋值为 4，大于 200 且小于等于 500 项赋值为 5，大于 500 项赋值为 6。

产品销售额（X_9）。2023 年被评价农机企业在全国的实际销售额，为保证数据客观公正以农机购置补贴系统中的销售额加总结果为准。

产品分布省份数量（X_{10}）。2023 年被评价农机企业生产的农机产品销售地区涉及的省（自治区、直辖市）数量。

综合产品市场占有率（X_{11}）。测算公式如下：

$$X_{11i} = \sum_{j=1}^{n} \left(\frac{category_{ij}}{sale_i} \times \frac{category_{ij}}{category_j} \right)$$

即第 i 个农机企业的综合产品市场占有率 X_{11j} 等于 2023 年该企业农机品目 j 的销售额 $category_{ij}$ 占该企业农机产品全部销售额 $sale_i$ 的比重乘以该企业农机品目 j 的销售额 $category_{ij}$ 与农机品目 j 全行业的销售额 $category_j$ 的比重，若企业有 n 个品目则把 n 个品目计算出的加权销售额占比加总，即可得到综合产品市场占有率。

机具品目数量（X_{12}）。2023 年，被评价农机企业实际销售的农机机具品目数量。

综合产品型号数相对值（X_{13}）。测算公式如下：

$$X_{13i} = \sum_{j=1}^{n} \left(\frac{category_{ij}}{sale_i} \times \frac{num_{ij}}{max_j} \right)$$

即第 i 个农机企业的综合产品型号数相对值 X_{13i} 等于 2023 年该企业农机品目 j 的销售额 $category_{ij}$ 占该企业全部销售额 $sale_i$ 的比重乘以该企业农机品目 j 的型号数量 num_{ij} 与农机品目 j 全行业中同类产品型号最多那个企业的型号数量 max_j 的比值，若企业有 n 个品目则把 n 个品目计算出的加权型号数相对值加总，即可得到综合产品型号数相对值。

首台（套）重大技术装备（X_{14}）。省级工信厅公布的首台（套）重大技术装备数量。

以上指标在参与计算最终得分时，每个指标的数值均进行归一化。归一化方法为：

$$x_{ki} = \frac{X_{ki}}{maxX_k}$$

即第 i 个被评价农机企业的第 k 个指标的归一化数值为该企业的绝对值 X_{kj} 除以所有企业绝对值的最大值 $maxX_k$。处理后所有指标的数值均在 0–1 之间。用该数值乘以每个指标的权重分值，层层向上汇总即可得到最后的企业总评分。

1.2.4　指标权重

通过与业内专家咨询研讨，指标体系权重确定情况如表 1–1 所示。

表 1-1　指标体系

一级指标		二级指标		三级指标			
指标	分值	指标	分值	指标	单位	编号	分值
创新投入	30	创新平台	30	国家级企业技术中心	是/否	X_1	5
				省级企业技术中心	是/否	X_2	5
				高新技术企业	是/否	X_3	20
创新过程	30	发明专利	20	有效发明专利数	项	X_4	10
				高价值专利数	项	X_5	5
				PCT申请数量	项	X_6	5
		标准制定	10	国家标准数量	项	X_7	6
				行业标准数量	项	X_8	4
创新结果	40	市场份额	20	产品销售额	亿元	X_9	10
				产品分布省份数量	个	X_{10}	5
				综合产品市场占有率	%	X_{11}	5
		制造能力	20	机具品目数量	个	X_{12}	10
				综合产品型号数相对值	—	X_{13}	6
				首台（套）重大技术装备	台	X_{14}	4

为节省篇幅，后续只展示评价综合得分排前 50 的企业三级指标、二级指标和一级指标及综合得分情况。

1.3　数据来源

（1）国家发展改革委国家级企业技术中心认定名单。国家发展改革委牵头认定的 2018 年（第 25 批）至 2023 年（第 30 批）国家企业技术中心名单，可查询企业是否被认定为国家级企业技术中心（X_1）。

（2）省级企业技术中心认定名单。各省（自治区、直辖市）相关部门牵头所认定的省级企业技术中心名单，可查询企业是否为省级企业技术中心（X_2）。

（3）高新技术企业认定管理工作网。科技部高新技术企业认定管理工作网（http://www.innocom.gov.cn/）可以查询各省份所认定报备的高新技术企业名单，即高新技术企业认定情况（X_3）。证书失效的企业不计入。

（4）六棱镜全球产业科技情报分析系统（PatNavi）。通过该系统查找有效发明专利数（X_4）、高价值专利数（X_5）、PCT专利申请数量（X_6）。该系统底层关联了全球110多个国家和地区的1.7亿条专利数据、5500万条商标数据、640万条企业软著数据、5000万家在营企业的工商注册数据、5.7万家投资机构数据，还有1800万专利发明人设计人的画像数据。

（5）全国标准信息公共服务平台。全国标准信息公共服务平台（https://std.samr.gov.cn/）可以查询企业牵头或参加的全部有效（现行）的国家标准数量（X_7）和行业标准数量（X_8）。课题组将涉及企业的标准名称、起草单位、起草年份、状态、企业排名列出清单形成原始数据，在原始数据基础上整理计算出指标数值。

（6）全国38个省级单位（含计划单列市、兵团、农垦）的农机购置补贴辅助系统公示数据。公示数据包含购机农户姓名、所在地机具品目、生产厂家、经销商、机具名称、购买机型、购买数量、购机时间、销售价格、补贴价格等信息，从2021—2023年购机补贴辅助系统公示数据中截取购机时间为2023年的所有数据。该数据库可为每个农机企业的产品销售额（X_9）、产品分布省份数量（X_{10}）、综合产品市场占有率（X_{11}）、机具品目数量（X_{12}）、综合产品型号数相对值（X_{13}）的计算提供底层数据。

（7）各省份公布的首台（套）重大技术装备（拟）认定名单公示信息。为获取首台（套）重大技术装备（X_{14}）的信息，课题组从省工信厅等网站，检索到 2019 年至 2023 年各省份公布的首台（套）重大装备（拟）认定名单公示信息。并依次与被评价的 91 家农机企业进行匹配。此外，课题组尝试以"企业名称＋首台套"为关键词从新闻报道中获取 91 家企业的首台（套）重大装备相关信息。需要说明的是，除了安徽省、河北省、河南省、黑龙江省、江苏省、内蒙古自治区、山东省和浙江省等 8 个省份可以查询到近五年的省级首台（套）重大装备（拟）认定名单公示信息以外，其他省份近五年内的首台（套）重大装备（拟）认定名单均未被完整检索到，比如广东省仅查询到 2022 年和 2023 年的认定名单，湖南省仅查询到 2019 年和 2023 年的认定名单，辽宁省仅查询到 2020 年的认定名单，重庆市仅查询到 2023 年的认定名单，其余如北京市、湖北省、吉林省、上海市、天津市、新疆维吾尔自治区、云南省等 7 个省份均未从官方渠道查询到省级首台（套）重大装备（拟）认定名单相关信息。因此，由于数据无法获取，可能导致部分企业实际具有省级首台（套）重大农机装备，但其具体数量未被统计在内。此外，因保密原因，国家层面的首台（套）重大农机装备数据无法获取。为此，在权重确定时，为确保公平，酌情降低了此指标权重。

2 创新投入下设三级指标分析

本章对创新投入一级指标下设的 3 个三级指标即国家级企业技术中心、省级企业技术中心和高新技术企业认定情况和分布进行简要分析。

2.1 国家级企业技术中心

国家级企业技术中心是目前国内规格最高、影响力最大的技术创新平台之一，是国家技术创新体系的重要组成部分，是国家根据创新驱动发展要求和经济结构调整需要，对创新能力强、创新机制好、引领示范作用大、符合条件的企业技术中心予以认定，鼓励引导行业骨干企业带动产业技术进步和创新能力提高，发挥企业在技术创新中的主体作用，建立健全企业主导产业技术研发创新的体制机制。

农机创新能力前 50 家企业被认定为国家级企业技术中心的有 11 家，占比 22%，具体见表 2-1。

表 2-1　国家级企业技术中心的认定情况

所属省份	公司名称
北京	中国农业机械化科学研究院集团有限公司
山东	潍柴雷沃智慧农业科技股份有限公司
	山东五征集团有限公司
	山东时风（集团）有限责任公司

所属省份	公司名称
河南	第一拖拉机股份有限公司
江苏	江苏常发农业装备股份有限公司
	常州东风农机集团有限公司
安徽	合肥美亚光电技术股份有限公司
	安徽中科光电色选机械有限公司
上海	上海华测导航技术股份有限公司
广东	深圳市大疆创新科技有限公司

从省份来看被认定为国家级企业技术中心的农机企业主要分布在山东（3家）、江苏（2家）、安徽（2家）、北京（1家）、河南（1家）、广东（1家）、上海（1家）；从行业来看主要分布在轮式拖拉机、谷物收获机、打（压）捆机、色选机、植保无人机、农用北斗终端及辅助驾驶系统等行业。

2.2　省级企业技术中心

11家拥有国家级企业技术中心的企业均被认定为省级企业技术中心。此外，还有24家企业拥有省级企业技术中心，合计35家企业拥有省级企业技术中心，占50强企业的70%。名单见表2-2。

表 2-2　省级企业技术中心的认定情况

所属省份	公司名称	所属省份	公司名称
北京	中国农业机械化科学研究院集团有限公司	安徽	合肥美亚光电技术股份有限公司
天津	勇猛机械股份有限公司		安徽中科光电色选机械有限公司
河北	河北农哈哈机械集团有限公司		中联农业机械股份有限公司
	河北双天机械制造有限公司	河南	第一拖拉机股份有限公司
吉林	吉林天朗农业装备股份有限公司	山东	潍柴雷沃智慧农业科技股份有限公司
	吉林牧神机械有限责任公司		山东五征集团有限公司
黑龙江	黑龙江惠达科技股份有限公司		山东时风（集团）有限责任公司
上海	上海华测导航技术股份有限公司		山东天鹅棉业机械股份有限公司
江苏	江苏常发农业装备股份有限公司		山东金大丰机械有限公司
	常州东风农机集团有限公司		山东巨明机械有限公司
	江苏沃得农业机械股份有限公司		九方泰禾国际重工（青岛）股份有限公司
	江苏华源节水股份有限公司		山东潍坊鲁中拖拉机有限公司
	苏州久富农业机械有限公司		英轩重工有限公司
	江苏悦达智能农业装备有限公司		山东双力现代农业装备有限公司
浙江	星光农机股份有限公司	广东	深圳市大疆创新科技有限公司
湖南	湖南省农友农业装备有限公司	新疆	新疆牧神机械有限责任公司
	湖南农夫机电有限公司		新疆钵施然智能农机股份有限公司
重庆	重庆鑫源农机股份有限公司		

　　从省份分布来看，拥有省级企业技术中心的前 50 强企业主要分布在山东（10 家）、江苏（6 家）、安徽（3 家），河北、新疆、吉林、湖南、

河北、北京、天津、黑龙江、上海、浙江、河南、广东、重庆等地只有1—2家。

2.3 高新技术企业

高新技术企业是指在《国家重点支持的高新技术领域》内，持续进行研究开发与技术成果转化，形成企业核心自主知识产权，并以此为基础开展经营活动的知识密集、技术密集的经济实体。创新能力前50强企业均被认定为高新技术企业。

3 创新过程下设三级指标分析

本章简要分析了有效发明专利、高价值专利、PCT专利的分布情况，从数量和质量两个维度一览企业创新过程情况。同时，分析了国家标准、行业标准在企业和各省份的分布情况。

3.1 发明专利

3.1.1 有效发明专利

50强农机企业涉及农机相关的中国有效发明专利共计3395项，平均每家企业拥有67.9项。从整体分布上来看，农机企业有效发明专利数量头部效应明显。图3-1展示了创新能力50强农机企业有效发明专利数量分布情况。

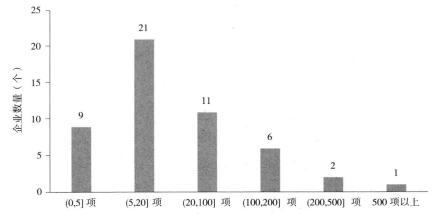

图3-1 创新能力50强农机企业有效发明专利数量分布

有效发明专利超过 500 项的农机企业有 1 家，即深圳市大疆创新科技有限公司（简称深圳大疆），为 1203 项；200-500 项的企业有 2 家，分别是广州极飞科技股份有限公司（简称广州极飞）（469 项）和中国农业机械化科学研究院集团有限公司（简称中国农机院）（271 项）；100-200 项的企业分别是潍柴雷沃智慧农业科技股份有限公司（简称潍柴雷沃）、第一拖拉机股份有限公司（简称一拖股份）、中联农业机械股份有限公司（简称中联农机）、上海华测导航技术股份有限公司（简称上海华测）、合肥美亚光电技术股份有限公司（简称美亚光电）、江苏华源节水股份有限公司（简称华源节水）；20-100 项的农机企业有 11 家；5-20 项的农机企业有 21 家；大于 0 项小于等于 5 项的农机企业有 9 家。详细情况见表 3-1。

表 3-1　创新能力 50 强农机企业有效发明专利数量排序

公司名称	有效发明专利数量	公司名称	有效发明专利数量
深圳市大疆创新科技有限公司	1203	湖南农夫机电有限公司	14
广州极飞科技股份有限公司	469	南京天辰礼达电子科技有限公司	14
中国农业机械化科学研究院集团有限公司	271	吉林天朗农业装备股份有限公司	13
第一拖拉机股份有限公司	156	黑龙江惠达科技股份有限公司	13
中联农业机械股份有限公司	151	新疆钵施然智能农机股份有限公司	12
潍柴雷沃智慧农业科技股份有限公司	132	九方泰禾国际重工（青岛）股份有限公司	12
上海华测导航技术股份有限公司	117	重庆鑫源农机股份有限公司	11
合肥美亚光电技术股份有限公司	113	勇猛机械股份有限公司	10
江苏华源节水股份有限公司	106	河北农哈哈机械集团有限公司	9
星光农机股份有限公司	76	苏州久富农业机械有限公司	9

公司名称	有效发明专利数量	公司名称	有效发明专利数量
山东时风（集团）有限责任公司	48	安徽正阳机械科技有限公司	8
江苏沃得农业机械股份有限公司	44	郑州中联收获机械有限公司	7
江苏常发农业装备股份有限公司	42	河北英虎农业机械股份有限公司	6
上海联适导航技术股份有限公司	35	山东潍坊鲁中拖拉机有限公司	6
山东五征集团有限公司	35	黑龙江德沃科技开发有限公司	6
山东天鹅棉业机械股份有限公司	33	台州市一鸣机械股份有限公司	6
铁建重工新疆有限公司	28	河北双天机械制造有限公司	5
丰疆智能科技股份有限公司	24	山东双力现代农业装备有限公司	5
湖南省农友农业装备有限公司	22	山东大华机械有限公司	4
安徽中科光电色选机械有限公司	21	英轩重工有限公司	3
青岛兴仪电子设备有限责任公司	18	河北圣和农业机械有限公司	3
常州东风农机集团有限公司	17	江苏悦达智能农业装备有限公司	3
新疆牧神机械有限责任公司	17	山东金大丰机械有限公司	2
山东巨明机械有限公司	17	吉林牧神机械有限责任公司	2
浙江星莱和农业装备有限公司	15	郑州市龙丰农业机械装备制造有限公司	2

可以看到，从事植保无人机行业的深圳大疆和广州极飞的有效发明专利数量远远领先于其他农机企业，这与我国植保无人机全球领先的地位也是相匹配的。剩下则主要集中在拖拉机、收割机、节水灌溉装备等传统农机企业，一些主营业务为粮食色选机、农用北斗终端及辅助驾驶系统的新兴农机制造企业表现也较突出。

从地域分布来看（见图 3-2），分布在广东的 50 强农机企业有效发明专利数量达到 1672 项，但都集中在深圳大疆和广州极飞两家企业；山东

315 项，分布在 12 家 50 强农机企业，其中潍柴雷沃、山东时风（集团）有限责任公司（简称时风集团）、山东五征集团有限公司（简称五征集团）及山东天鹅棉业机械股份有限公司（简称天鹅棉业）4 家企业专利拥有量占比达 78.73%；安徽 293 项，集中在中联农机、美亚光电和安徽中科光电色选机械有限公司（简称中科光电）3 家企业；北京的中国农机院发明专利 271 项；江苏 235 项，分布在 7 家农机企业，主要集中在华源节水、江苏沃得农业机械股份有限公司（简称江苏沃得）和江苏常发农业装备股份有限公司（简称江苏常发）3 家。河南、上海、浙江、新疆及湖南的专利主要分别集中在一拖股份、上海华测、星光农机股份有限公司（简称星光农机）、铁建重工新疆有限公司（简称铁建重工）、湖南省农友农业装备有限公司（简称农友装备）5 家企业。

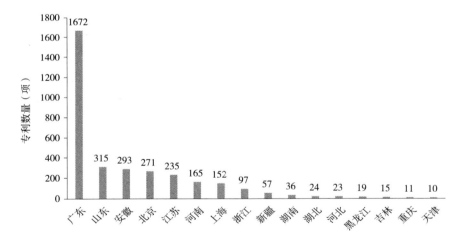

图 3-2　50 强农机企业有效发明专利数量地域分布

3.1.2 高价值专利

图 3-3 展示了创新能力 50 强农机企业高价值发明专利数量分布情况。从整体分布上来看，农机企业高价值发明专利数量同样头部效应明显。高价值发明专利超过 500 项的企业是深圳大疆，其高价值专利数量共计 1182 项，占 50 强企业高价值发明专利总量的 44.17%；大于 200 项小于等于 500 项的是广州极飞，有 381 项高价值发明专利；拥有高价值发明专利数在 100-200 项之间的有 3 家企业，分别是中国农机院、上海华测、一拖股份；20-100 项的企业有 9 家；5-20 项的企业有 17 家；大于 0 项小于等于 5 项的有 17 家；有 2 家企业没有高价值发明专利。

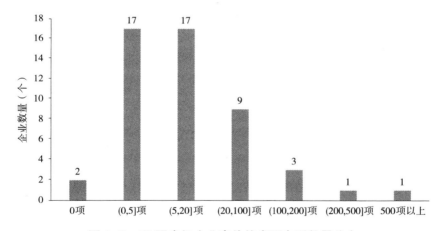

图 3-3　50 强农机企业高价值发明专利数量分布

具体分布情况见表 3-2。

表 3-2　50 强农机企业高价值发明专利数量排序

公司名称	高价值专利数量	公司名称	高价值专利数量
深圳市大疆创新科技有限公司	1182	黑龙江惠达科技股份有限公司	10

19

续表

公司名称	高价值专利数量	公司名称	高价值专利数量
广州极飞科技股份有限公司	381	铁建重工新疆有限公司	9
中国农业机械化科学研究院集团有限公司	196	九方泰禾国际重工（青岛）股份有限公司	8
上海华测导航技术股份有限公司	105	湖南农夫机电有限公司	7
第一拖拉机股份有限公司	104	郑州中联收获机械有限公司	7
江苏华源节水股份有限公司	94	苏州久富农业机械有限公司	6
中联农业机械股份有限公司	84	河北英虎农业机械股份有限公司	5
潍柴雷沃智慧农业科技股份有限公司	66	吉林天朗农业装备股份有限公司	5
合肥美亚光电技术股份有限公司	62	台州市一鸣机械股份有限公司	5
星光农机股份有限公司	52	新疆钵施然智能农机股份有限公司	4
山东时风（集团）有限责任公司	32	河北农哈哈机械集团有限公司	4
上海联适导航技术股份有限公司	27	勇猛机械股份有限公司	4
江苏沃得农业机械股份有限公司	22	山东潍坊鲁中拖拉机有限公司	4
江苏常发农业装备股份有限公司	22	重庆鑫源农机股份有限公司	4
丰疆智能科技股份有限公司	20	英轩重工有限公司	3
山东五征集团有限公司	17	河北双天机械制造有限公司	3
山东天鹅棉业机械股份有限公司	16	安徽正阳机械科技有限公司	3
浙江星莱和农业装备有限公司	15	山东金大丰机械有限公司	2
南京天辰礼达电子科技有限公司	12	河北圣和农业机械有限公司	2
青岛兴仪电子设备有限责任公司	12	山东双力现代农业装备有限公司	2
安徽中科光电色选机械有限公司	12	江苏悦达智能农业装备有限公司	2
山东巨明机械有限公司	11	吉林牧神机械有限责任公司	1

公司名称	高价值专利数量	公司名称	高价值专利数量
湖南省农友农业装备有限公司	11	山东大华机械有限公司	1
常州东风农机集团有限公司	10	郑州市龙丰农业机械装备制造有限公司	0
新疆牧神机械有限责任公司	10	黑龙江德沃科技开发有限公司	0

50强农机企业涉及农机相关高价值发明专利数量2676项，占有效发明专利数的78.82%。有效发明专利排序前10的农机企业高价值专利占比情况见图3-4。

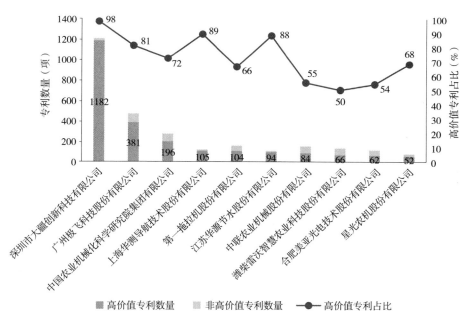

图 3-4 50 强农机企业高价值发明专利数量前 10 排名及高价值专利占比

3.1.3 PCT 专利申请数量

本报告分析了涉及农机相关 PCT 专利申请数量 5768 项，其中深圳大疆由于其海外业务量在同行中的绝对领先地位占据了其中的 5450 项。图 3-5 展示了创新能力 50 强农机企业 PCT 专利申请数量分布情况。

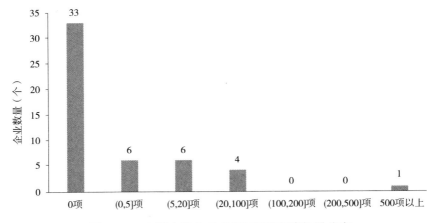

图 3-5　50 强农机企业 PCT 专利申请数量分布

从整体分布上来看，农机企业数量总体较少，包括深圳大疆在内仅有 11 家农机企业拥有 5 项以上 PCT 专利，33 家 50 强农机企业数量为 0。

除深圳大疆（5450 项）以外，其余 50 强农机企业的 PCT 专利申请数量排名前 10 企业如图 3-6 所示。

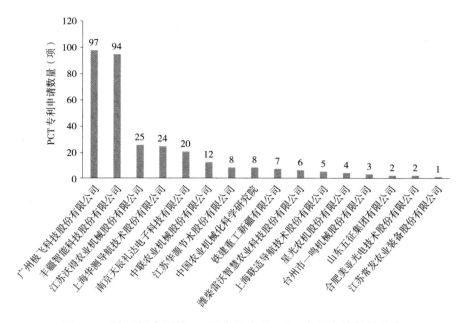

图 3-6 除深圳大疆外 50 强农机企业 PCT 专利申请数量分布

其中排名前 4 位的分别为广州极飞、丰疆智能、江苏沃得和上海华测，其主营业务主要集中在植保无人机、轮式拖拉机和农业用北斗终端及辅助驾驶系统。

3.2 标准制定

标准计算规则：企业牵头起草的计 1 项、作为第 2 起草单位计 0.5 项、作为第 3 起草单位计 0.3 项，第 4 及以后不计算。按以上规则得到创新能力 50 强农机企业中共有 22 家企业持有国家标准，达 326.8 项；共有 10 家企业持有行业标准，共 171.3 项。

3.2.1　国家标准

图 3-7 展示了创新能力 50 强农机企业现行国家标准起草数量分段分布情况。可以看出，总体而言 50 强农机企业除了头部极少数农机企业外，其他企业参与国家标准起草的参与度较低。

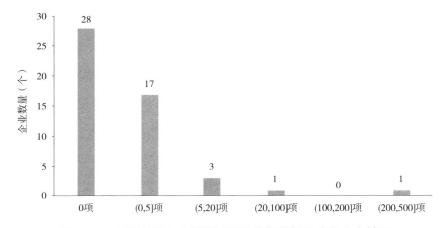

图 3-7　50 强农机企业现行国家标准起草数量分段分布情况

其中，国家标准制定为 0 项的企业有 28 家，占 56%；大于 0 项小于等于 5 项的企业有 17 家，占 34%；大于 5 项小于等于 20 项的企业有 3 家，占 6%；大于 20 项小于等于 100 项的企业有 1 家，占 2%；大于 200 项的企业仅 1 家，占 2%。具体企业名称及标准数量见表 3-3。

表 3-3　国家标准起草数量排序

排序	所属省份	企业名称	国家标准数量（项）
1	北京	中国农业机械化科学研究院集团有限公司	237.7
2	河南	第一拖拉机股份有限公司	42.4
3	山东	潍柴雷沃智慧农业科技股份有限公司	11.4
4	江苏	江苏常发农业装备股份有限公司	6.1

续表

排序	所属省份	企业名称	国家标准数量（项）
5	山东	山东天鹅棉业机械股份有限公司	5.5
6	安徽	中联农业机械股份有限公司	4.8
7	广东	深圳市大疆创新科技有限公司	3.7
8	江苏	江苏悦达智能农业装备有限公司	3.1
9	江苏	常州东风农机集团有限公司	2.3
10	江苏	江苏沃得农业机械股份有限公司	1.3
11	山东	山东时风（集团）有限责任公司	1.2
12	山东	青岛兴仪电子设备有限责任公司	1
13	江苏	苏州久富农业机械有限公司	1
14	山东	山东五征集团有限公司	0.9
15	江苏	江苏华源节水股份有限公司	0.8
16	上海	上海联适导航技术股份有限公司	0.8
17	新疆	新疆牧神机械有限责任公司	0.8
18	上海	上海华测导航技术股份有限公司	0.6
19	安徽	合肥美亚光电技术股份有限公司	0.5
20	浙江	浙江星莱和农业装备有限公司	0.3
21	河北	河北英虎农业机械股份有限公司	0.3
22	山东	山东金大丰机械有限公司	0.3

可以看出，仅从国家标准起草制定情况来看，中国农机院与其他企业明显拉开差距。中国农机院及其100%控股企业（如中国农机院本部、中国农机院呼和浩特分院等）制定国家标准237.7项，这些标准主要涉及草坪和园艺动力机械、拖拉机、播种机、水稻插秧机、植物保护机械、灌溉设备、农业喷雾机、联合收割机、饲料收获机、甜菜收获机、马铃薯收获

机、残膜回收机、打捆机、畜禽养殖、屠宰、加工等畜牧机械、食品加工机械等农业机械全系列。

除中国农机院以外，标准排第 2 和第 3 的企业分别是一拖股份（42.4项）和潍柴雷沃（11.4 项）。

3.2.2　行业标准

图 3-8 展示了创新能力 50 强农机企业现行行业标准参与起草制定数量分段分布情况。

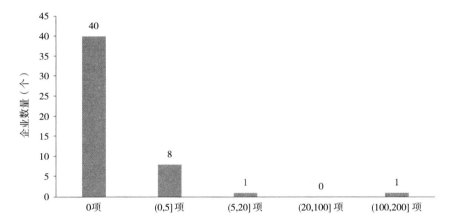

图 3-8　50 强农机企业现行行业标准参与起草制定数量分段分布情况

从行业标准起草制定情况来看，中国农机院与其他企业明显拉开差距。其中，未参与起草制定排名为前三的现行行业标准的企业有 40 家，占 80%；大于 0 项小于等于 5 项的企业有 8 家，占 16%；大于 5 项小于等于 20 项的企业有 1 家，占 2%；大于 100 项小于等于 200 项的企业只有 1家，仅占 2%。详见表 3-4。

表 3-4　行业标准制定数量排序

排名	所属省份	企业名称	行业标准数量（项）
1	北京	中国农业机械化科学研究院集团有限公司	149.0
2	山东	山东天鹅棉业机械股份有限公司	7.5
3	河南	第一拖拉机股份有限公司	4.0
4	江苏	常州东风农机集团有限公司	3.0
5	山东	潍柴雷沃智慧农业科技股份有限公司	2.5
6	江苏	江苏常发农业装备股份有限公司	2.5
7	江苏	江苏沃得农业机械股份有限公司	1.5
8	山东	山东五征集团有限公司	0.5
9	山东	青岛兴仪电子设备有限责任公司	0.5
10	安徽	中联农业机械股份有限公司	0.3

4 创新结果下设三级指标分析

本部分简要分析了创新能力 50 强农机企业的产品销售额、产品分布省份数量、综合产品市场占有率等市场占有情况指标，生产机具品目数量、综合产品型号数相对值等指标，以全方面展现企业创新成果。

4.1 市场份额

4.1.1 产品销售额

图 4-1 展示了创新能力 50 强农机企业销售额分段分布情况。仅从销售额看，头部企业与其他企业差距明显。

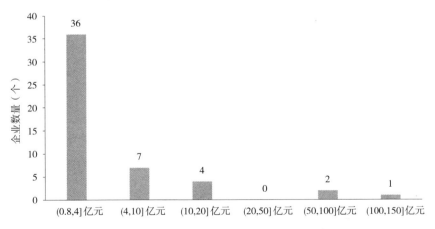

图 4-1 50 强农机企业销售额分段分布情况

其中，小于等于 4 亿元[①]的有 36 家，占 72%；大于 4 亿元小于等于 10 亿元的有 7 家，占 14%；大于 10 亿元小于等于 20 亿元的有 4 家，仅占 8%，分别是常州东风农机集团有限公司（简称常州东风）、江苏常发、河北英虎农业机械股份有限公司（简称河北英虎）、中联农机；大于 20 亿元小于等于 50 亿元的 0 家；大于 50 亿元小于等于 100 亿元的 2 家，是一拖股份和江苏沃得；大于 100 亿元小于等于 150 亿元的只有潍柴雷沃。同时，销售额位于头部的企业主营业务主要集中在拖拉机、谷物联合收割机和玉米联合收割机等行业。

将创新能力 50 强农机企业的销售额按其所在省份进行加总，得到评价企业销售额各省份分布情况，见图 4-2。可以看到，山东、江苏、河南 3 省是我国农机制造大省，创新能力 50 强农机企业有 22 个分布在这 3 个省，这 22 个农机企业销售额合计 309.28 亿元，占 50 个农机企业的 77.45%。

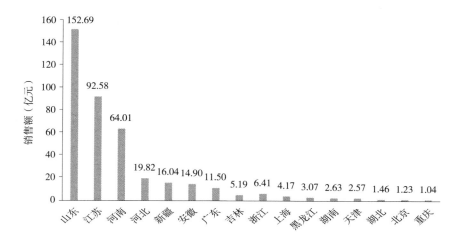

图 4-2　50 强农机企业销售额各省份分布情况

---

① 按照《统计上大中小微型企业划分办法》，制造业营业额低于 4 亿元大于 2000 万元为中型企业。

4.1.2 产品分布省份数量

图 4-3 展示了创新能力 50 强农机企业销售区域分布情况，从图中可见，50 强农机企业的销售区域分布大多较为广泛。其中销售区域在 1-5个省份的有 3 家，销售区域在 6-10 个省份的有 3 家，销售区域在 11-15个省的有 11 家，销售区域在 16-20 个省份的有 10 家，销售区域在 21-25个省份的有 12 家，销售区域在 26-31 个省份的有 11 家。其中销售区域在30 个及以上的企业有潍柴雷沃、一拖股份、江苏沃得、常州东风、江苏常发、中联农机等 6 家企业。

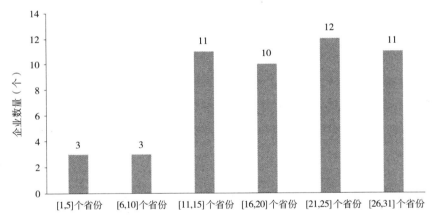

图 4-3　50 强农机企业销售区域分布情况

进一步分析发现，产品覆盖销售区域较小的企业主要集中在区域性较为明显的行业，如棉花收获机行业 [天鹅棉业、新疆钵施然智能农机股份有限公司（简称钵施然）、铁建重工 3 家以销售棉花收获机为主的企业，其产品销售分布省份分别为 4 个、3 个和 2 个，主要销售省份为棉花种植主产区新疆、甘肃、山东等棉花主产区]。各企业销售省数量具体情况见表 4-1。

表 4-1 50强农机企业产品销售分布省份数量排序

公司名称	产品分布省份数量（个）	公司名称	产品分布省份数量（个）
潍柴雷沃智慧农业科技股份有限公司	31	安徽中科光电色选机械有限公司	19
第一拖拉机股份有限公司	31	山东金大丰机械有限公司	18
江苏沃得农业机械股份有限公司	31	河北农哈哈机械集团有限公司	18
常州东风农机集团有限公司	31	安徽正阳机械科技有限公司	18
中联农业机械股份有限公司	30	湖南农夫机电有限公司	18
江苏常发农业装备股份有限公司	29	中国农业机械化科学研究院	18
河北圣和农业机械有限公司	29	湖南省农友农业装备有限公司	17
广州极飞科技股份有限公司	28	河北双天机械制造有限公司	16
重庆鑫源农机股份有限公司	27	河北英虎农业机械股份有限公司	15
上海联适导航技术股份有限公司	26	九方泰禾国际重工（青岛）股份有限公司	15
江苏悦达智能农业装备有限公司	26	山东巨明机械有限公司	15
黑龙江惠达科技股份有限公司	25	山东时风（集团）有限责任公司	15
丰疆智能科技股份有限公司	25	山东双力现代农业装备有限公司	15
上海华测导航技术股份有限公司	24	黑龙江德沃科技开发有限公司	15
山东五征集团有限公司	23	郑州中联收获机械有限公司	15
深圳市大疆创新科技有限公司	22	新疆牧神机械有限责任公司	14
郑州市龙丰农业机械装备制造有限公司	22	勇猛机械股份有限公司	13
山东潍坊鲁中拖拉机有限公司	22	吉林天朗农业装备股份有限公司	13
南京天辰礼达电子科技有限公司	22	吉林牧神机械有限责任公司	11
星光农机股份有限公司	22	江苏华源节水股份有限公司	10

公司名称	产品分布省份数量（个）	公司名称	产品分布省份数量（个）
山东大华机械有限公司	22	台州市一鸣机械股份有限公司	9
英轩重工有限公司	21	青岛兴仪电子设备有限责任公司	8
苏州久富农业机械有限公司	21	山东天鹅棉业机械股份有限公司	4
合肥美亚光电技术股份有限公司	20	新疆钵施然智能农机股份有限公司	3
浙江星莱和农业装备有限公司	19	铁建重工新疆有限公司	2

4.1.3 综合产品市场占有率

综合产品市场占有率是以各个农机企业各品目农机产品销售额归一化数据为权重乘以其各品目农机销售额占各类品目全市场农机销售额比例，然后进行加和。如果一个企业生产的农机品目较多，但只有一个品目的农机销售额占本企业总销售额的比例非常高（比如90%），那么其综合产品市场占有率主要体现的就是这个品目的农机销售额占同品目农机整个市场的份额，其他品目农机由于销售额较小其权重也较小，进而对其综合产品市场占有率的影响也较小，故该计算方式能够综合体现企业的产品市场占有率。与各品目的市场占有率简单算数平均相比，加权计算不会因为企业生产农机品目多但部分品目农机还未大量销售而降低了其综合产品市场占有率。图4-4展示了50强农机企业综合产品市场占有率分布情况。

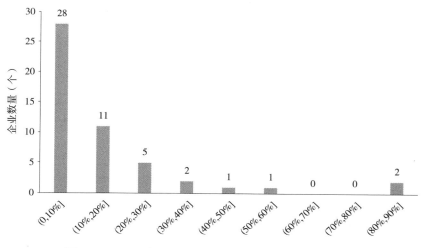

图 4-4 50 强农机企业综合产品市场占有率分布情况

综合产品市场占有率低于 10% 的企业高达 28 家，综合产品市场占有率介于 10%-20% 之间的达 11 家，综合产品市场占有率介于 20%-30% 之间的有 5 家，综合产品市场占有率大于 30% 的有 6 家。

各企业的综合产品市场占有率具体见表 4-2。

表 4-2 50 强农机企业综合产品市场占有率排序

公司名称	占有率	公司名称	占有率
深圳市大疆创新科技有限公司	83.77%	河北圣和农业机械有限公司	7.41%
青岛兴仪电子设备有限责任公司	83.40%	九方泰禾国际重工（青岛）股份有限公司	7.34%
湖南农夫机电有限公司	51.81%	南京天辰礼达电子科技有限公司	6.77%
合肥美亚光电技术股份有限公司	43.74%	丰疆智能科技股份有限公司	6.54%
江苏华源节水股份有限公司	33.28%	中联农业机械股份有限公司	6.42%
新疆钵施然智能农机股份有限公司	32.62%	常州东风农机集团有限公司	6.06%
潍柴雷沃智慧农业科技股份有限公司	29.98%	黑龙江德沃科技开发有限公司	5.28%

公司名称	占有率	公司名称	占有率
江苏沃得农业机械股份有限公司	26.98%	中国农业机械化科学研究院	5.04%
第一拖拉机股份有限公司	24.38%	铁建重工新疆有限公司	5.02%
郑州中联收获机械有限公司	21.23%	苏州久富农业机械有限公司	4.69%
安徽中科光电色选机械有限公司	21.08%	重庆鑫源农机股份有限公司	4.57%
郑州市龙丰农业机械装备制造有限公司	17.94%	江苏常发农业装备股份有限公司	3.73%
山东天鹅棉业机械股份有限公司	15.18%	湖南省农友农业装备有限公司	3.73%
新疆牧神机械有限责任公司	14.67%	山东金大丰机械有限公司	3.61%
河北英虎农业机械股份有限公司	14.07%	吉林牧神机械有限责任公司	3.03%
浙江星莱和农业装备有限公司	13.07%	勇猛机械股份有限公司	2.83%
上海联适导航技术股份有限公司	12.93%	山东巨明机械有限公司	2.75%
上海华测导航技术股份有限公司	12.65%	山东大华机械有限公司	1.87%
安徽正阳机械科技有限公司	11.47%	英轩重工有限公司	1.20%
广州极飞科技股份有限公司	11.30%	星光农机股份有限公司	1.14%
吉林天朗农业装备股份有限公司	11.20%	山东五征集团有限公司	0.84%
黑龙江惠达科技股份有限公司	10.47%	山东时风（集团）有限责任公司	0.83%
河北农哈哈机械集团有限公司	9.95%	山东潍坊鲁中拖拉机有限公司	0.69%
台州市一鸣机械股份有限公司	9.84%	山东双力现代农业装备有限公司	0.56%
河北双天机械制造有限公司	7.57%	江苏悦达智能农业装备有限公司	0.46%

其中：综合产品市场占有率超过 30% 的企业分别是：销售植保无人机的深圳大疆（83.77%）、销售孵化机的青岛兴仪电子设备有限责任公司（简称青岛兴仪电子）（83.40%）、销售履带式拖拉机的湖南农夫机电有限公司（简称湖南农夫）（51.81%）、销售色选机的美亚光电（43.74%）、

销售节水灌溉设备的华源节水（33.28%）、销售棉花收获机的钵施然（32.62%）。由于竞争激烈，生产拖拉机、收割机的企业综合产品市场占有率均低于30%，潍柴雷沃、江苏沃得、一拖股份等3家龙头企业综合产品市场占有率在24%-30%之间。

4.2 制造能力

4.2.1 机具品目数量

一个企业生产的农机品目数量越多，一定程度上反映其制造能力越强。图4-5展示了创新能力50强农机企业销售的机具品目数量分布情况，大于等于1个且小于等于5个的企业达36家，占比72%；大于5个且小于等于10个的企业有11家，占比22%；大于10个且小于等于15个的企业只有中联农机1家，占比2%；大于15个且小于等于20个的企业有潍柴雷沃、江苏沃得2家，占比4%。

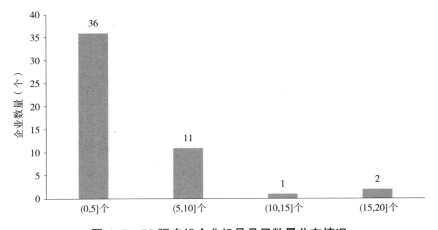

图4-5 50强农机企业机具品目数量分布情况

表4-3展示了创新能力50强农机企业机具品目数量排序情况。

表 4-3　50 强农机企业机具品目数量排序

公司名称	品目数量（个）	公司名称	品目数量（个）
潍柴雷沃智慧农业科技股份有限公司	19	郑州中联收获机械有限公司	3
江苏沃得农业机械股份有限公司	18	中国农业机械化科学研究院	3
中联农业机械股份有限公司	12	九方泰禾国际重工（青岛）股份有限公司	2
第一拖拉机股份有限公司	10	浙江星莱和农业装备有限公司	2
江苏常发农业装备股份有限公司	9	勇猛机械股份有限公司	2
黑龙江德沃科技开发有限公司	8	吉林天朗农业装备股份有限公司	2
湖南省农友农业装备有限公司	8	英轩重工有限公司	2
星光农机股份有限公司	8	上海联适导航技术股份有限公司	2
山东大华机械有限公司	8	山东五征集团有限公司	2
山东金大丰机械有限公司	7	黑龙江惠达科技股份有限公司	2
台州市一鸣机械股份有限公司	7	广州极飞科技股份有限公司	2
新疆钵施然智能农机股份有限公司	6	合肥美亚光电技术股份有限公司	2
新疆牧神机械有限责任公司	6	山东双力现代农业装备有限公司	2
河北圣和农业机械有限公司	6	江苏悦达智能农业装备有限公司	2
河北双天机械制造有限公司	5	安徽中科光电色选机械有限公司	2
苏州久富农业机械有限公司	5	深圳市大疆创新科技有限公司	1
重庆鑫源农机股份有限公司	5	河北英虎农业机械股份有限公司	1
常州东风农机集团有限公司	4	上海华测导航技术股份有限公司	1
河北农哈哈机械集团有限公司	4	安徽正阳机械科技有限公司	1
山东天鹅棉业机械股份有限公司	4	山东时风（集团）有限责任公司	1
丰疆智能科技股份有限公司	4	山东潍坊鲁中拖拉机有限公司	1
山东巨明机械有限公司	3	铁建重工新疆有限公司	1

公司名称	品目数量（个）	公司名称	品目数量（个）
吉林牧神机械有限责任公司	3	江苏华源节水股份有限公司	1
郑州市龙丰农业机械装备制造有限公司	3	南京天辰礼达电子科技有限公司	1
湖南农夫机电有限公司	3	青岛兴仪电子设备有限责任公司	1

4.2.2 综合产品型号数相对值

综合产品型号数相对值是以某农机企业各品目农机产品销售额归一化数据为权重，乘以其各品目农机型号数量与同类品目型号数量最多的企业的该类品目农机型号数的比值，然后进行加总得到。如果一个企业生产的农机品目较多，但只有一个品目的农机销售额占本企业总销售额的比例非常高（比如90%），那么其综合产品型号数相对值主要体现的就是该品目农机制造的型号数量多寡的相对值，其他品目农机由于销售额较小因而权重较小，对综合产品型号数相对值的影响也较小，故该计算方式能够综合体现企业各品目农机的生产型号数量的相对值。加权法与各品目的生产型号数量相对值简单算数平均相比，不会因为企业生产的农机品目多但部分品目的农机还未大量销售从而降低其综合产品型号数的相对值。

图4-6展示了创新能力50强农机企业综合产品型号数量相对值分布情况。可以看出，与公司主产品在同类产品生产型号数量上最多的竞争对手相比，过半农机企业（27家，占54%）生产的农机型号数量超过竞争对手生产型号数量的一半（相对值大于0.5）。

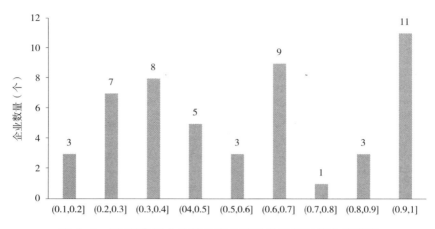

图4-6　50强农机企业综合产品型号数量相对值分布情况

　　具体名单见表4-4。其中部分企业由于生产品目相对集中因而综合产品型号数量相对值较大。如深圳大疆2023年销售的植保无人机型号数量有8个（3WWDZ-10A、3WWDZ-15.1B、3WWDZ-15A、3WWDZ-20A、3WWDZ-20B、3WWDZ-30A、3WWDZ-40A、3WWDZ-40B），广州极飞2023年销售的植保无人机型号数量有9个（3WNDZ-15.2A、3WWDZ-16A、3WWDZ-20A、3WWDZ-20B、3WWDZ-20C、3WWDZ-20D、3WWDZ-35A、3WWDZ-40A、3WWDZ-50A），但深圳大疆综合产品型号数量相对值为0.8889，大于广州极飞的0.8780，其原因在于深圳大疆涉及农机的产品只有植保无人机，而广州极飞则还有农业用北斗终端及辅助驾驶系统，但广州极飞的农业用北斗终端及辅助驾驶系统的产品型号数量又远低于行业中竞争对手的产品型号数量最大值，拉低了其综合产品型号数量相对值。

表 4-4 50 强农机企业综合产品型号数量相对值排序

公司名称	相对值	公司名称	相对值
江苏华源节水股份有限公司	1.0000	勇猛机械股份有限公司	0.5536
青岛兴仪电子设备有限责任公司	1.0000	湖南省农友农业装备有限公司	0.5447
新疆钵施然智能农机股份有限公司	0.9964	上海华测导航技术股份有限公司	0.5000
黑龙江惠达科技股份有限公司	0.9845	中联农业机械股份有限公司	0.4874
第一拖拉机股份有限公司	0.9844	浙江星莱和农业装备有限公司	0.4691
苏州久富农业机械有限公司	0.9803	常州东风农机集团有限公司	0.4587
河北圣和农业机械有限公司	0.9582	黑龙江德沃科技开发有限公司	0.4352
中国农业机械化科学研究院	0.9574	铁建重工新疆有限公司	0.4000
合肥美亚光电技术股份有限公司	0.9543	吉林天朗农业装备股份有限公司	0.3980
河北农哈哈机械集团有限公司	0.9360	山东天鹅棉业机械股份有限公司	0.3889
湖南农夫机电有限公司	0.9181	南京天辰礼达电子科技有限公司	0.3750
深圳市大疆创新科技有限公司	0.8889	郑州中联收获机械有限公司	0.3430
广州极飞科技股份有限公司	0.8780	新疆牧神机械有限责任公司	0.3405
潍柴雷沃智慧农业科技股份有限公司	0.8057	星光农机股份有限公司	0.3388
郑州市龙丰农业机械装备制造有限公司	0.7936	河北英虎农业机械股份有限公司	0.3191
安徽正阳机械科技有限公司	0.7000	山东大华机械有限公司	0.2896
河北双天机械制造有限公司	0.6983	吉林牧神机械有限责任公司	0.2537
江苏沃得农业机械股份有限公司	0.6525	山东五征集团有限公司	0.2506
丰疆智能科技股份有限公司	0.6473	山东金大丰机械有限公司	0.2293
安徽中科光电色选机械有限公司	0.6471	江苏悦达智能农业装备有限公司	0.2114
山东巨明机械有限公司	0.6364	英轩重工有限公司	0.2043
九方泰禾国际重工（青岛）股份有限公司	0.6351	山东双力现代农业装备有限公司	0.2010

公司名称	相对值	公司名称	相对值
台州市一鸣机械股份有限公司	0.6331	江苏常发农业装备股份有限公司	0.1947
上海联适导航技术股份有限公司	0.6245	山东潍坊鲁中拖拉机有限公司	0.1829
重庆鑫源农机股份有限公司	0.5899	山东时风（集团）有限责任公司	0.1314

4.2.3 首台（套）重大技术装备数量

16家企业首台（套）重大技术装备数量分布如图4-7所示。可以看到，省级首台（套）重大装备在50强农机企业间的分布相对集中，50强农机企业中仅16家可查询到被本省（区、市）省级工信部门认定制造了首台（套）重大农机装备，占比仅32%。

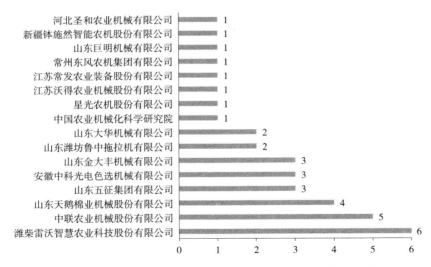

图4-7　16家农机企业省级首台（套）重大农机装备分布

其中，潍柴雷沃的省级首台（套）重大农机装备数量最多，共有6个。位居第2名的是中联农机，近五年共有5个农机装备被列入省级首台（套）

40

重大农机装备名单。天鹅棉业有 4 个省级首台（套）重大农机装备，位列第 3。紧随其后的是山东金大丰机械有限公司等 3 家企业，均有 3 个省级首台（套）重大农机装备。同时，山东潍坊鲁中拖拉机有限公司等 2 家企业也有 2 个省级首台（套）重大农机装备。另外江苏沃得等 8 家企业各有 1 个省级首台（套）重大农机装备。其他企业因未从省级相关政府部门或官方新闻报道中查询到确切信息，最终以 0 计入。

5 创新能力 50 强排行榜

本部分按照 1.2.3 的计算方法和 1.2.4 的权重，对以上数据展开测算，然后分别展示创新投入排名、创新过程排名和创新结果排名，并展示总排名。

5.1 创新投入排名

整体来看（见表 5-1），创新投入平均得分为 24.60 分，相对 30 分的满分得分率为 82.00%，得分率较高。其中 11 家拥有国家级企业技术创新中心的农机企业的创新投入指标得分为 30 分（这 11 家企业同时是省级企业技术中心和高新技术企业）；此外还有 24 家企业被认定为省级企业技术中心（同时均为高新技术企业），其创新投入指标得分 25 分；剩下的 15 家企业被认定为高新技术企业，创新投入得分 20 分。

表 5-1 50 强农机企业创新投入分值排名

排名	所属省份	公司名称	国家级企业技术中心（5分）	省级企业技术中心（5分）	高新技术企业（20分）	创新投入分值（30分）
1	山东	潍柴雷沃智慧农业科技股份有限公司	5	5	20	30
1	河南	第一拖拉机股份有限公司	5	5	20	30
1	广东	深圳市大疆创新科技有限公司	5	5	20	30

续表

排名	所属省份	公司名称	国家级企业技术中心（5分）	省级企业技术中心（5分）	高新技术企业（20分）	创新投入分值（30分）
1	北京	中国农业机械化科学研究院	5	5	20	30
1	江苏	江苏常发农业装备股份有限公司	5	5	20	30
1	安徽	合肥美亚光电技术股份有限公司	5	5	20	30
1	上海	上海华测导航技术股份有限公司	5	5	20	30
1	江苏	常州东风农机集团有限公司	5	5	20	30
1	山东	山东五征集团有限公司	5	5	20	30
1	安徽	安徽中科光电色选机械有限公司	5	5	20	30
1	山东	山东时风（集团）有限责任公司	5	5	20	30
12	江苏	江苏沃得农业机械股份有限公司	0	5	20	25
12	安徽	中联农业机械股份有限公司	0	5	20	25
12	江苏	江苏华源节水股份有限公司	0	5	20	25
12	山东	山东天鹅棉业机械股份有限公司	0	5	20	25
12	浙江	星光农机股份有限公司	0	5	20	25
12	江苏	苏州久富农业机械有限公司	0	5	20	25
12	湖南	湖南农夫机电有限公司	0	5	20	25
12	湖南	湖南省农友农业装备有限公司	0	5	20	25
12	新疆	新疆钵施然智能农机股份有限公司	0	5	20	25
12	黑龙江	黑龙江惠达科技股份有限公司	0	5	20	25
12	河北	河北农哈哈机械集团有限公司	0	5	20	25
12	新疆	新疆牧神机械有限责任公司	0	5	20	25
12	重庆	重庆鑫源农机股份有限公司	0	5	20	25
12	山东	山东金大丰机械有限公司	0	5	20	25

排名	所属省份	公司名称	国家级企业技术中心（5分）	省级企业技术中心（5分）	高新技术企业（20分）	创新投入分值（30分）
12	山东	山东巨明机械有限公司	0	5	20	25
12	山东	九方泰禾国际重工（青岛）股份有限公司	0	5	20	25
12	河北	河北双天机械制造有限公司	0	5	20	25
12	天津	勇猛机械股份有限公司	0	5	20	25
12	山东	山东潍坊鲁中拖拉机有限公司	0	5	20	25
12	吉林	吉林天朗农业装备股份有限公司	0	5	20	25
12	江苏	江苏悦达智能农业装备有限公司	0	5	20	25
12	山东	英轩重工有限公司	0	5	20	25
12	吉林	吉林牧神机械有限责任公司	0	5	20	25
12	山东	山东双力现代农业装备有限公司	0	5	20	25
36	广东	广州极飞科技股份有限公司	0	0	20	20
36	湖北	丰疆智能科技股份有限公司	0	0	20	20
36	上海	上海联适导航技术股份有限公司	0	0	20	20
36	山东	青岛兴仪电子设备有限责任公司	0	0	20	20
36	河北	河北圣和农业机械有限公司	0	0	20	20
36	浙江	浙江星莱和农业装备有限公司	0	0	20	20
36	浙江	台州市一鸣机械股份有限公司	0	0	20	20
36	江苏	南京天辰礼达电子科技有限公司	0	0	20	20
36	山东	山东大华机械有限公司	0	0	20	20
36	新疆	铁建重工新疆有限公司	0	0	20	20
36	黑龙江	黑龙江德沃科技开发有限公司	0	0	20	20

排名	所属省份	公司名称	国家级企业技术中心（5分）	省级企业技术中心（5分）	高新技术企业（20分）	创新投入分值（30分）
36	安徽	安徽正阳机械科技有限公司	0	0	20	20
36	河南	郑州中联收获机械有限公司	0	0	20	20
36	河北	河北英虎农业机械股份有限公司	0	0	20	20
36	河南	郑州市龙丰农业机械装备制造有限公司	0	0	20	20

5.2　创新过程排名

　　整体来看（见表 5-2），创新过程平均得分为 8.70 分，相对 30 分的满分得分率为 29.00%，得分率较低。得分最高的企业为中国农机院，达 24 分，主要得益于其国家标准和行业标准均为满分，同时有效发明专利得分和高价值专利数也相对较高；其次是深圳大疆，其有效发明专利数、高价值专利数和 PCT 专利申请数量得分均为满分，得分 22 分；排第 3 的是一拖股份，得分 18 分；第 4 名到第 9 名分别是潍柴雷沃、上海华测、中联农机、广州极飞、江苏沃得、华源节水、江苏常发；第 10 名及以后的企业创新过程分值均低于 15 分，特别是最后 32 个企业得分均低于 10 分。在专利、标准等过程性的创新成果培育方面，绝大部分企业亟待提升。

表 5-2 50 强农机企业创新过程分值排名

排名	所属省份	公司名称	有效发明专利数（10分）	高价值专利数（5分）	PCT 专利申请数量（5分）	国家标准数量（6分）	行业标准数量（4分）	创新过程分值（30分）
1	北京	中国农业机械化科学研究院	8	4	2	6	4	24
2	广东	深圳市大疆创新科技有限公司	10	5	5	1.5	0	21.5
3	河南	第一拖拉机股份有限公司	8	4	0	4.5	1	17.5
4	山东	潍柴雷沃智慧农业科技股份有限公司	8	3	2	3	1	17
5	上海	上海华测导航技术股份有限公司	8	4	3	1.5	0	16.5
6	安徽	中联农业机械股份有限公司	8	3	2	1.5	1	15.5
7	广东	广州极飞科技股份有限公司	8	4	3	0	0	15
8	江苏	江苏沃得农业机械股份有限公司	6	3	3	1.5	1	14.5
8	江苏	江苏华源节水股份有限公司	8	3	2	1.5	0	14.5
10	江苏	江苏常发农业装备股份有限公司	6	3	1	3	1	14
11	安徽	合肥美亚光电技术股份有限公司	8	3	1	1.5	0	13.5
12	山东	山东天鹅棉业机械股份有限公司	6	2	0	3	2	13
13	山东	山东五征集团有限公司	6	2	1	1.5	1	11.5

续表

排名	所属省份	公司名称	有效发明专利数（10分）	高价值专利数（5分）	PCT专利申请数量（5分）	国家标准数量（6分）	行业标准数量（4分）	创新过程分值（30分）
13	上海	上海联适导航技术股份有限公司	6	3	1	1.5	0	11.5
15	湖北	丰疆智能科技股份有限公司	6	2	3	0	0	11
16	山东	山东时风（集团）有限责任公司	6	3	0	1.5	0	10.5
17	浙江	星光农机股份有限公司	6	3	1	0	0	10
17	新疆	铁建重工新疆有限公司	6	2	2	0	0	10
19	江苏	常州东风农机集团有限公司	4	2	0	1.5	1	8.5
19	山东	青岛兴仪电子设备有限责任公司	4	2	0	1.5	1	8.5
21	安徽	安徽中科光电色选机械有限公司	6	2	0	0	0	8
21	湖南	湖南省农友农业装备有限公司	6	2	0	0	0	8
21	江苏	南京天辰礼达电子科技有限公司	4	2	2	0	0	8
24	江苏	苏州久富农业机械有限公司	4	2	0	1.5	0	7.5
24	新疆	新疆牧神机械有限责任公司	4	2	0	1.5	0	7.5
24	浙江	浙江星莱和农业装备有限公司	4	2	0	1.5	0	7.5

续表

排名	所属省份	公司名称	有效发明专利数（10分）	高价值专利数（5分）	PCT专利申请数量（5分）	国家标准数量（6分）	行业标准数量（4分）	创新过程分值（30分）
27	河北	河北英虎农业机械股份有限公司	4	1	0	1.5	0	6.5
28	湖南	湖南农夫机电有限公司	4	2	0	0	0	6
28	黑龙江	黑龙江惠达科技股份有限公司	4	2	0	0	0	6
28	山东	山东巨明机械有限公司	4	2	0	0	0	6
28	山东	九方泰禾国际重工（青岛）股份有限公司	4	2	0	0	0	6
28	浙江	台州市一鸣机械股份有限公司	4	1	1	0	0	6
28	河南	郑州中联收获机械有限公司	4	2	0	0	0	6
34	新疆	新疆钵施然智能农机股份有限公司	4	1	0	0	0	5
34	河北	河北农哈哈机械集团有限公司	4	1	0	0	0	5
34	重庆	重庆鑫源农机股份有限公司	4	1	0	0	0	5
34	天津	勇猛机械股份有限公司	4	1	0	0	0	5
34	山东	山东潍坊鲁中拖拉机有限公司	4	1	0	0	0	5
34	吉林	吉林天朗农业装备股份有限公司	4	1	0	0	0	5

续表

排名	所属省份	公司名称	有效发明专利数（10分）	高价值专利数（5分）	PCT专利申请数量（5分）	国家标准数量（6分）	行业标准数量（4分）	创新过程分值（30分）
34	安徽	安徽正阳机械科技有限公司	4	1	0	0	0	5
41	山东	山东金大丰机械有限公司	2	1	0	1.5	0	4.5
41	江苏	江苏悦达智能农业装备有限公司	2	1	0	1.5	0	4.5
43	黑龙江	黑龙江德沃科技开发有限公司	4	0	0	0	0	4
44	河北	河北双天机械制造有限公司	2	1	0	0	0	3
44	河北	河北圣和农业机械有限公司	2	1	0	0	0	3
44	山东	山东大华机械有限公司	2	1	0	0	0	3
44	山东	英轩重工有限公司	2	1	0	0	0	3
44	吉林	吉林牧神机械有限责任公司	2	1	0	0	0	3
44	山东	山东双力现代农业装备有限公司	2	1	0	0	0	3
50	河南	郑州市龙丰农业机械装备制造有限公司	2	0	0	0	0	2

5.3 创新结果排名

整体来看（见表 5-3），创新结果平均得分为 10.85 分，相对 40 分的满分得分率为 27.13%，得分率同样较低。

其中得分最高的是潍柴雷沃，得分高达 35.62 分，主要由于其产品销售额绝对值、产品分布省份数量、机具品目数量、首台（套）重大技术装备均为满分；江苏沃得以 25.56 分紧接其后排名第 2，其产品分布省份数量为满分或接近满分，机具品目数量、产品销售额绝对值、产品分布省份数量和综合产品型号数相对值得分也较高；第 3 是一拖股份，其产品分布省份数量为满分，拖拉机型号数量位居拖拉机企业之首使得综合产品型号数相对值得分较高。前 3 名的农机企业分别是山东、江苏、河南的龙头农机企业，销售额绝对值相对其他企业一骑绝尘，其他企业的产品销售额得分远低于这三家企业。

排名第 4、第 5 的农机企业分别为中联农机、深圳大疆，得分在 15 分以上；创新结果为 10-15 分的企业有 22 家，创新结果为 5-10 分的有 20 家，创新结果 5 分以下的有 3 家。

表 5-3　50 强农机企业创新结果分值排名

排名	所属省份	公司名称	产品销售额（10分）	产品分布省份数量（5分）	综合产品市场占有率（5分）	机具品目数量（10分）	综合产品型号数相对值（6分）	首台（套）重大技术装备（4分）	创新结果分值（40分）
1	山东	潍柴雷沃智慧农业科技股份有限公司	10.00	5.00	1.79	10.00	4.83	4.00	35.62
2	江苏	江苏沃得农业机械股份有限公司	4.90	5.00	1.61	9.47	3.91	0.67	25.56
3	河南	第一拖拉机股份有限公司	4.90	5.00	1.46	5.26	5.91	0.00	22.53
4	安徽	中联农业机械股份有限公司	0.83	4.84	0.38	6.32	2.92	3.33	18.62
5	广东	深圳市大疆创新科技有限公司	0.79	3.55	5.00	0.53	5.33	0.00	15.20
6	河北	河北圣和农业机械有限公司	0.16	4.68	0.44	3.16	5.75	0.67	14.86
7	湖南	湖南农夫机电有限公司	0.11	2.90	3.09	1.58	5.51	0.00	13.20
8	新疆	新疆钵施然智能农机股份有限公司	0.76	0.48	1.95	3.16	5.98	0.67	13.00
9	山东	青岛兴仪电子设备有限责任公司	0.08	1.29	4.98	0.53	6.00	0.00	12.87
10	安徽	合肥美亚光电技术股份有限公司	0.14	3.23	2.61	1.05	5.73	0.00	12.75
11	江苏	江苏常发农业装备股份有限公司	0.98	4.68	0.22	4.74	1.17	0.67	12.45
12	江苏	苏州久富农业机械有限公司	0.13	3.39	0.28	2.63	5.88	0.00	12.31
13	江苏	常州东风农机集团有限公司	1.21	5.00	0.36	2.11	2.75	0.67	12.09

续表

排名	所属省份	公司名称	产品销售额（10分）	产品分布省份数量（5分）	综合产品市场占有率（5分）	机具品目数量（10分）	综合产品型号数相对值（6分）	首台（套）重大技术装备（4分）	创新结果分值（40分）
14	黑龙江	黑龙江汇惠达科技股份有限公司	0.14	4.03	0.63	1.05	5.91	0.00	11.76
15	广东	广州极飞科技股份有限公司	0.14	4.52	0.67	1.05	5.27	0.00	11.65
16	河北	河北农哈哈机械集团有限公司	0.32	2.90	0.59	2.11	5.62	0.00	11.54
17	安徽	安徽中科光电色选机械有限公司	0.07	3.06	1.26	1.05	3.88	2.00	11.33
18	北京	中国农业机械化科学研究院	0.10	2.90	0.30	1.58	5.74	0.67	11.29
19	河南	郑州市龙丰农业机械化装备制造有限公司	0.17	3.55	1.07	1.58	4.76	0.00	11.13
20	山东	山东大华机械有限公司	0.07	*3.55	0.11	4.21	1.74	1.33	11.01
21	重庆	重庆鑫源农机股份有限公司	0.08	4.35	0.27	2.63	3.54	0.00	10.88
22	浙江	星光农机股份有限公司	0.08	3.55	0.07	4.21	2.03	0.67	10.61
23	湖南	湖南省农友农业装备有限公司	0.10	2.74	0.22	4.21	3.27	0.00	10.54
24	湖北	丰疆智能科技股份有限公司	0.12	4.03	0.39	2.11	3.88	0.00	10.53
25	山东	山东金大丰机械有限公司	0.33	2.90	0.22	3.68	1.38	2.00	10.51
26	江苏	江苏华源节水股份有限公司	0.11	1.61	1.99	0.53	6.00	0.00	10.23

续表

排名	所属省份	公司名称	产品销售额（10分）	产品分布省份数量（5分）	综合产品市场占有率（5分）	机具品目数量（10分）	综合产品型号数相对值（6分）	首台（套）重大技术装备（4分）	创新结果分值（40分）
27	河北	河北双天机械制造有限公司	0.15	2.58	0.45	2.63	4.19	0.00	10.00
28	上海	上海联适导航技术股份有限公司	0.17	4.19	0.77	1.05	3.75	0.00	9.94
29	黑龙江	黑龙江德沃科技开发有限公司	0.10	2.42	0.31	4.21	2.61	0.00	9.66
30	浙江	台州市一鸣机械股份有限公司	0.06	1.45	0.59	3.68	3.80	0.00	9.58
31	山东	山东天鹅棉业机械股份有限公司	0.35	0.65	0.91	2.11	2.33	2.67	9.01
32	山东	山东巨明机械有限公司	0.22	2.42	0.16	1.58	3.82	0.67	8.87
33	新疆	新疆牧神机械有限责任公司	0.43	2.26	0.88	3.16	2.04	0.00	8.76
34	安徽	安徽正阳机械科技有限公司	0.17	2.90	0.68	0.53	4.20	0.00	8.49
35	山东	山东五征集团有限公司	0.17	3.71	0.05	1.05	1.50	2.00	8.48
36	上海	上海华测导航技术股份有限公司	0.17	3.87	0.75	0.53	3.00	0.00	8.32
37	山东	九方泰禾国际重工（青岛）股份有限公司	0.52	2.42	0.44	1.05	3.81	0.00	8.24
38	浙江	浙江星莱和农业装备有限公司	0.37	3.06	0.78	1.05	2.81	0.00	8.09
39	河南	郑州中联收获机械有限公司	0.12	2.42	1.27	1.58	2.06	0.00	7.44

续表

排名	所属省份	公司名称	产品销售额（10分）	产品分布省份数量（5分）	综合产品市场占有率（5分）	机具品目数量（10分）	综合产品型号数相对值（6分）	首台（套）重大技术装备（4分）	创新结果分值（40分）
40	天津	勇猛机械股份有限公司	0.21	2.10	0.17	1.05	3.32	0.00	6.85
41	江苏	南京天辰礼达电子科技有限公司	0.09	3.55	0.40	0.53	2.25	0.00	6.82
42	山东	山东潍坊鲁中拖拉机有限公司	0.13	3.55	0.04	0.53	1.10	1.33	6.68
43	河北	河北英虎农业机械股份有限公司	0.98	2.42	0.84	0.53	1.91	0.00	6.68
44	江苏	江苏悦达智能农业装备有限公司	0.09	4.19	0.03	1.05	1.27	0.00	6.63
45	吉林	吉林天朗农业装备股份有限公司	0.21	2.10	0.67	1.05	2.39	0.00	6.41
46	山东	英轩重工有限公司	0.23	3.39	0.07	1.05	1.23	0.00	5.97
47	吉林	吉林牧神机械有限责任公司	0.21	1.77	0.18	1.58	1.52	0.00	5.27
48	山东	山东双力现代农业装备有限公司	0.11	2.42	0.03	1.05	1.21	0.00	4.82
49	山东	山东时风（集团）有限责任公司	0.16	2.42	0.05	0.53	0.79	0.00	3.94
50	新疆	铁建重工新疆有限公司	0.12	0.32	0.30	0.53	2.40	0.00	3.66

* 注：因小数位取值问题，本表最后一列数值并不完全等于前几列数值的和。

5.4　整体排名

5.4.1　50强名单

根据前述计算，可得到2023年中国农机企业创新能力50强名单（见表5-4）。前5强分别是潍柴雷沃、一拖股份、深圳大疆、中国农机院、江苏沃得，其中潍柴雷沃得分较为领先。

表5-4　中国农机企业创新能力50强排行榜

排名	所属省份	公司名称	创新投入（30分）	创新过程分值（30分）	创新结果分值（40分）	创新能力综合分值（100分）
1	山东	潍柴雷沃智慧农业科技股份有限公司	30.00	17.00	35.62	82.62
2	河南	第一拖拉机股份有限公司	30.00	17.50	22.53	70.03
3	广东	深圳市大疆创新科技有限公司	30.00	21.50	15.20	66.70
4	北京	中国农业机械化科学研究院	30.00	24.00	11.29	65.29
5	江苏	江苏沃得农业机械股份有限公司	25.00	14.50	25.56	65.06
6	安徽	中联农业机械股份有限公司	25.00	15.50	18.62	59.12
7	江苏	江苏常发农业装备股份有限公司	30.00	14.00	12.45	56.45
8	安徽	合肥美亚光电技术股份有限公司	30.00	13.50	12.76	56.26
9	上海	上海华测导航技术股份有限公司	30.00	16.50	8.32	54.82
10	江苏	常州东风农机集团有限公司	30.00	8.50	12.10	50.59
11	山东	山东五征集团有限公司	30.00	11.50	8.48	49.98
12	江苏	江苏华源节水股份有限公司	25.00	14.50	10.24	49.73
13	安徽	安徽中科光电色选机械有限公司	30.00	8.00	11.32	49.33
14	山东	山东天鹅棉业机械股份有限公司	25.00	13.00	9.02	47.01
15	广东	广州极飞科技股份有限公司	20.00	15.00	11.65	46.65

排名	所属省份	公司名称	创新投入（30分）	创新过程分值（30分）	创新结果分值（40分）	创新能力综合分值（100分）
16	浙江	星光农机股份有限公司	25.00	10.00	10.61	45.61
17	江苏	苏州久富农业机械有限公司	25.00	7.50	12.31	44.81
18	山东	山东时风（集团）有限责任公司	30.00	10.50	3.95	44.45
19	湖南	湖南农夫机电有限公司	25.00	6.00	13.20	44.20
20	湖南	湖南省农友农业装备有限公司	25.00	8.00	10.54	43.54
21	新疆	新疆钵施然智能农机股份有限公司	25.00	5.00	12.99	42.99
22	黑龙江	黑龙江惠达科技股份有限公司	25.00	6.00	11.76	42.76
23	河北	河北农哈哈机械集团有限公司	25.00	5.00	11.54	41.54
24	湖北	丰疆智能科技股份有限公司	20.00	11.00	10.53	41.53
25	上海	上海联适导航技术股份有限公司	20.00	11.50	9.94	41.44
26	山东	青岛兴仪电子设备有限责任公司	20.00	8.50	12.87	41.37
27	新疆	新疆牧神机械有限责任公司	25.00	7.50	8.76	41.26
28	重庆	重庆鑫源农机股份有限公司	25.00	5.00	10.88	40.88
29	山东	山东金大丰机械有限公司	25.00	4.50	10.51	40.01
30	山东	山东巨明机械有限公司	25.00	6.00	8.87	39.87
31	山东	九方泰禾国际重工（青岛）股份有限公司	25.00	6.00	8.24	39.24
32	河北	河北双天机械制造有限公司	25.00	3.00	10.00	38.00
33	河北	河北圣和农业机械有限公司	20.00	3.00	14.86	37.86
34	天津	勇猛机械股份有限公司	25.00	5.00	6.85	36.85
35	山东	山东潍坊鲁中拖拉机有限公司	25.00	5.00	6.68	36.68
36	吉林	吉林天朗农业装备股份有限公司	25.00	5.00	6.41	36.41
37	江苏	江苏悦达智能农业装备有限公司	25.00	4.50	6.63	36.13

排名	所属省份	公司名称	创新投入（30分）	创新过程分值（30分）	创新结果分值（40分）	创新能力综合分值（100分）
38	浙江	浙江星莱和农业装备有限公司	20.00	7.50	8.09	35.59
39	浙江	台州市一鸣机械股份有限公司	20.00	6.00	9.58	35.58
40	江苏	南京天辰礼达电子科技有限公司	20.00	8.00	6.82	34.82
41	山东	山东大华机械有限公司	20.00	3.00	11.01	34.01
42	山东	英轩重工有限公司	25.00	3.00	5.97	33.97
43	新疆	铁建重工新疆有限公司	20.00	10.00	3.66	33.66
44	黑龙江	黑龙江德沃科技开发有限公司	20.00	4.00	9.66	33.66
45	安徽	安徽正阳机械科技有限公司	20.00	5.00	8.49	33.49
46	河南	郑州中联收获机械有限公司	20.00	6.00	7.44	33.44
47	吉林	吉林牧神机械有限责任公司	25.00	3.00	5.27	33.27
48	河北	河北英虎农业机械股份有限公司	20.00	6.50	6.68	33.18
49	河南	郑州市龙丰农业机械装备制造有限公司	20.00	2.00	11.13	33.13
50	山东	山东双力现代农业装备有限公司	25.00	3.00	4.82	32.82

* 注：因小数位取值问题，本表最后一列数值并不完全等于前几列数值的和。

5.4.2　省份分布格局

2023 年中国农机企业创新能力 50 强企业分布在 16 个省份，具体分布见图 5-1。其中排第 1 的山东有 12 家企业，排第 2 的江苏有 7 家企业，河北、安徽均有 4 家企业并列第 3，浙江、新疆、河南均有 3 家企业，广东、上海、湖南、黑龙江均有 2 家企业，北京、湖北、重庆、天津各 1 家企业。

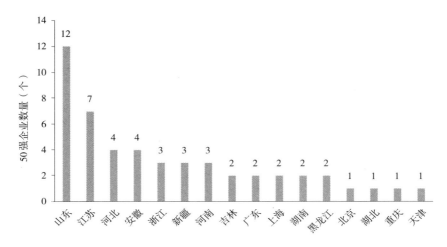

图 5-1   中国农机企业创新能力 50 强各省份分布情况

5.4.3   行业分布格局

部分企业同时在多个细分行业发力，故选取销售额占各公司农机产品总销售额 20% 以上的农机小类作为每个农机企业的所属行业，如潍柴雷沃同时在谷物联合收割机和轮式拖拉机行业，行业分布情况如图 5-2 所示。可以看到，50 强企业分布前 3 的主要行业分别是轮式拖拉机、玉米收获机、农用北斗终端及辅助驾驶系统，分别有 10 家企业、7 家企业和 5 家企业；属于旋耕机、谷物联合收割机、棉花收获机行业的企业各有 4 家；属于打（压）捆机、谷物烘干机行业的企业各有 3 家；属于粮食色选机、播种机、植保无人机、插秧机行业的企业各有 2 家；属于加温设备、茶叶色选机、灌溉设备、秸秆粉碎还田机、履带式拖拉机、花生收获机、犁、微型耕耘机、孵化机行业的企业各有 1 家。

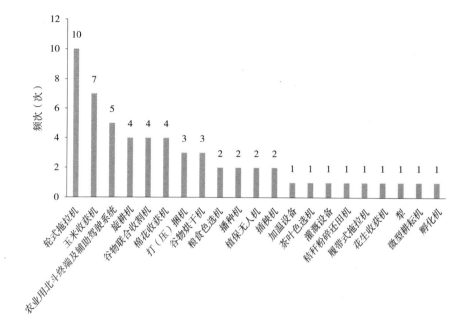

图 5-2 中国农机企业创新能力 50 强分行业分布情况

合并加总创新平台下的 3 个三级指标、合并加总发明专利质量的 2 个指标、合并加总国家和行业标准，其他三级指标保留，得到表 5-5。

表 5-5　中国农机企业创新能力 50 强企业名单及主要指标表现

中国农机企业创新能力排名 2024

排名	公司名称	省市	总分	创新平台(30分)	发明专利数量(10分)	产品销售区域(5分)	发明专利质量(10分)	机具品目数(10分)	国家(行业)标准(10分)	产品广度/深度：主产品机型数(6分)	产品销售额(10分)	首台(套)重大技术装备(4分)	主产品市场占有率(5分)
1	潍柴雷沃智慧农业科技股份有限公司	山东	82.62	30.00	8.00	5.00	5.00	10.00	4.00	产品广度：4.83	10.00	4.00	1.79
2	第一拖拉机股份有限公司	河南	70.03	30.00	8.00	5.00	4.00	5.26	5.50	产品深度：5.91	4.90	0.00	1.46
3	深圳市大疆创新科技有限公司	广东	66.70	30.00	10.00	5.00	10.00	0.53	1.50	产品深度：5.33	0.79	0.00	3.55
4	中国农业机械化科学研究院集团有限公司	北京	65.29	30.00	8.00	5.00	6.00	1.58	6.00	产品深度：5.74	0.10	0.67	2.90

续表

排名	公司名称	创新平台(30分)	发明专利数量(10分)	主产品市场占有率(5分)	产品销售区域(5分)	发明专利质量(10分)	机具品目品数(10分)	国家/行业标准(10分)	产品深度：主产品机型数(6分)	产品销售额(10分)	首台(套)重大技术装备(4分)	省市	总分
5	江苏沃得农业机械股份有限公司	25.00	6.00	1.61	5.00	6.00	9.47	2.50	3.91	4.90	0.67	江苏	65.06
6	中联农业机械股份有限公司	25.00	8.00	0.38	4.84	5.00	6.32	2.50	2.92	0.83	3.33	安徽	59.12
7	江苏常发农业装备股份有限公司	30.00	6.00	0.22	4.68	4.00	4.74	4.00	1.17	0.98	0.67	江苏	56.45
8	合肥美亚光电技术股份有限公司	30.00	8.00	2.61	3.23	4.00	1.05	1.50	5.73	0.14	0.00	安徽	56.25
9	上海华测导航技术股份有限公司	30.00	8.00	0.75	3.87	7.00	0.53	1.50	3.00	0.17	0.00	上海	54.82
10	常州东风农机集团有限公司	30.00	4.00	0.36	5.00	2.00	2.11	2.50	2.75	1.21	0.67	江苏	50.59

续表

排名	公司名称	省市	总分	创新平台(30分)	发明专利数量(10分)	发明专利质量(10分)	国家/行业标准(10分)	产品销售额(10分)	产品销售区域(5分)	主产品市场占有率(5分)	产品广度：机具品目数(10分)	产品深度：主产品机型数(6分)	首台(套)重大技术装备(4分)
11	山东五征集团有限公司	山东	49.98	30.00	6.00	3.00	2.50	0.17	3.71	0.05	1.05	1.50	2.00
12	江苏华源节水股份有限公司	江苏	49.73	25.00	8.00	5.00	1.50	0.11	3.06	1.99	0.53	6.00	0.00
13	安徽中科光电色选机械有限公司	安徽	49.33	30.00	6.00	2.00	0.00	0.07	0.65	1.26	1.05	3.88	2.00
14	山东天鹅棉业机械股份有限公司	山东	47.01	25.00	6.00	2.00	5.00	0.35	0.91	1.61	2.11	2.33	2.67
15	广州极飞科技股份有限公司	广东	46.65	20.00	8.00	7.00	0.00	0.14	4.52	0.67	1.05	5.27	0.00

续表

排名	公司名称	省市	总分	创新平台(30分)	产品销售区域(5分)	发明专利数量(10分)	主产品市场占有率(5分)	发明专利质量(10分)	产品广度:机具品目数(10分)	国家行业标准(10分)	产品深度:主产品机型数(6分)	产品销售额(10分)	首台(套)重大技术装备(4分)
16	星光农机股份有限公司	浙江	45.61	25.00	3.55	6.00	0.07	4.00	4.21	0.00	2.03	0.08	0.67
17	苏州久富农业机械有限公司	江苏	44.81	25.00	3.39	4.00	0.28	2.00	2.63	1.50	5.88	0.13	0.00
18	山东时风(集团)有限责任公司	山东	44.44	30.00	2.42	6.00	0.05	3.00	0.53	1.50	0.79	0.16	0.00
19	湖南农夫机电有限公司	湖南	44.20	25.00	2.90	4.00	3.09	2.00	1.58	1.50	5.51	0.11	0.00
20	湖南省农友农业装备有限公司	湖南	43.54	25.00	2.74	6.00	0.22	2.00	4.21	0.00	3.27	0.10	0.00

续表

排名	公司名称	省市	总分	创新平台(30分)	发明专利数量(10分)	发明专利质量(10分)	国家（行业）标准(10分)	产品销售额(10分)	产品销售区域(5分)	主产品市场占有率(5分)	产品广度：机具品目数(10分)	产品深度：主产品机型数(6分)	首台（套）重大技术装备(4分)
21	新疆钵施然智能农机股份有限公司	新疆	42.99	25.00	4.00	1.00	0.00	0.76	1.95	0.48	3.16	5.98	0.67
22	黑龙江惠达科技股份有限公司	黑龙江	42.76	25.00	4.00	2.00	0.00	0.14	0.63	4.03	1.05	5.91	0.00
23	河北农哈哈机械集团有限公司	河北	41.54	25.00	4.00	1.00	0.00	0.32	2.90	0.59	2.11	5.62	0.00
24	丰疆智能科技股份有限公司	湖北	41.53	20.00	6.00	5.00	0.00	0.12	4.03	0.39	2.11	3.88	0.00
25	上海联适导航技术股份有限公司	上海	41.44	20.00	6.00	4.00	1.50	0.17	4.19	0.77	1.05	3.75	0.00

续表

排名	公司名称	省市	总分	创新平台(30分)	发明专利数量(10分)	发明专利质量(10分)	国家/行业标准(10分)	产品销售额(10分)	主产品市场占有率(5分)	产品销售区域(5分)	产品广度：机具品目数(10分)	产品深度：主产品机型数(6分)	首台(套)重大技术装备(4分)
26	青岛兴仪电子设备有限责任公司	山东	41.37	20.00	4.00	2.00	2.50	0.08	4.98	1.29	0.53	6.00	0.00
27	新疆牧神机械有限责任公司	新疆	41.26	25.00	4.00	2.00	1.50	0.43	0.88	2.26	3.16	2.04	0.00
28	重庆鑫源农机股份有限公司	重庆	40.88	25.00	4.00	1.00	0.00	0.08	0.27	4.35	2.63	3.54	0.00
29	山东金大丰机械有限公司	山东	40.01	25.00	2.00	1.00	1.50	0.33	0.22	2.90	3.68	1.38	2.00
30	山东巨明机械有限公司	山东	39.87	25.00	4.00	2.00	0.00	0.22	0.16	2.42	1.58	3.82	0.67

续表

排名	公司名称	创新平台(30分)	发明专利数量(10分)	发明专利质量(10分)	国家(行业标准(10分)	产品销售额(10分)	省市	总分
31	九方泰禾国际重工(青岛)股份有限公司	25.00	4.00	2.00	0.00	0.52	山东	39.24
		产品销售区域(5分) 2.42	主产品市场占有率(5分) 0.44	产品广度：机具品目数(10分) 1.05	产品深度：主产品机型数(6分) 3.81	首台(套)重大技术装备(4分) 0.00		
32	河北双天机械制造有限公司	25.00	2.00	1.00	0.00	0.15	河北	38.00
		产品销售区域(5分) 2.58	主产品市场占有率(5分) 0.45	产品广度：机具品目数(10分) 2.63	产品深度：主产品机型数(6分) 4.19	首台(套)重大技术装备(4分) 0.00		
33	河北圣和农业机械有限公司	20.00	2.00	1.00	0.00	0.16	河北	37.86
		产品销售区域(5分) 4.68	主产品市场占有率(5分) 0.44	产品广度：机具品目数(10分) 3.16	产品深度：主产品机型数(6分) 5.75	首台(套)重大技术装备(4分) 0.67		
34	勇猛机械股份有限公司	25.00	4.00	1.00	0.00	0.21	天津	36.85
		产品销售区域(5分) 2.10	主产品市场占有率(5分) 0.17	产品广度：机具品目数(10分) 1.05	产品深度：主产品机型数(6分) 3.32	首台(套)重大技术装备(4分) 0.00		
35	山东潍坊中拖拉机有限公司	25.00	4.00	1.00	0.00	0.13	山东	36.68
		产品销售区域(5分) 3.55	主产品市场占有率(5分) 0.04	产品广度：机具品目数(10分) 0.53	产品深度：主产品机型数(6分) 1.10	首台(套)重大技术装备(4分) 1.33		

续表

排名	公司名称	创新平台(30分)	产品销售区域(5分)	发明专利数量(10分)	主产品市场占有率(5分)	发明专利质量(10分)	产品广度：机具品目数(10分)	国家(行业)标准(10分)	产品深度：主产品机型数(6分)	产品销售额(10分)	首台(套)重大技术装备(4分)	省市	总分
36	吉林天朗农业装备股份有限公司	25.00	2.10	4.00	0.67	1.00	1.05	0.00	2.39	0.21	0.00	吉林	36.41
37	江苏悦达智能农业装备有限公司	25.00	4.19	2.00	0.03	1.00	1.05	1.50	1.27	0.09	0.00	江苏	36.13
38	浙江星莱和农业装备有限公司	20.00	3.06	4.00	0.78	2.00	1.05	1.50	2.81	0.37	0.00	浙江	35.59
39	台州市一鸣机械股份有限公司	20.00	1.45	4.00	0.59	2.00	3.68	0.00	3.80	0.06	0.00	浙江	35.58
40	南京天辰礼达电子科技有限公司	20.00	3.55	4.00	0.40	4.00	0.53	0.00	2.25	0.09	0.00	江苏	34.82

续表

排名	公司名称	创新平台(30分)	发明专利数量(10分)	发明专利质量(10分)	国家(行业)标准(10分)	产品销售额(10分)	主产品市场占有率(5分)	产品广度：机具品目数(10分)	产品深度：主产品机型数(6分)	首台(套)重大技术装备(4分)	产品销售区域(5分)	省市	总分
41	山东大华机械有限公司	20.00	2.00	1.00	0.00	0.07	0.11	4.21	1.74	1.33	3.55	山东	34.01
42	英轩重工有限公司	25.00	2.00	1.00	0.00	0.23	0.07	1.05	1.23	0.00	3.39	山东	33.97
43	铁建重工新疆有限公司	20.00	6.00	4.00	0.00	0.12	0.30	0.53	2.40	0.00	0.32	新疆	33.66
44	黑龙江德沃科技开发有限公司	20.00	4.00	0.00	0.00	0.10	0.31	4.21	2.61	0.00	2.42	黑龙江	33.66
45	安徽正阳机械科技有限公司	20.00	4.00	1.00	0.00	0.17	0.68	0.53	4.20	0.00	2.90	安徽	33.49

续表

排名	公司名称	创新平台(30分)	发明专利数量(10分)	发明专利质量(10分)	国家(行业)标准(10分)	产品销售额(10分)	产品销售区域(5分)	主产品市场占有率(5分)	产品广度：机具品目数(10分)	产品深度：主产品机型数(6分)	首台(套)重大技术装备(4分)	省市	总分
46	郑州中联收获机械有限公司	20.00	4.00	2.00	0.00	0.12	2.42	1.27	1.58	2.06	0.00	河南	33.44
47	吉林牧神机械有限责任公司	25.00	2.00	1.00	0.00	0.21	1.77	0.18	1.58	1.52	0.00	吉林	33.27
48	河北英虎农业机械股份有限公司	20.00	4.00	1.00	1.50	0.98	2.42	0.84	0.53	1.91	0.00	河北	33.18
49	郑州市龙丰农业机械装备制造有限公司	20.00	2.00	0.00	0.00	0.17	3.55	1.07	1.58	4.76	0.00	河南	33.13
50	山东双力现代农业装备有限公司	25.00	2.00	1.00	0.00	0.11	2.42	0.03	1.05	1.21	0.00	山东	32.82

6　结论与对策建议

本报告设计了包含 3 个一级指标、5 个二级指标、14 个三级指标的指标体系，选定了 2023 年销售额超过 8000 万元的 91 家内资农机企业作为评价对象，综合国家发展改革委认定的国家级企业技术中心名单、各省（自治区、直辖市）发展改革委认定的省级企业技术中心名单、高新技术企业认定管理工作网、六棱镜全球产业科技情报分析系统、全国标准信息公共服务平台、全国 38 个省级单位（含计划单列市、兵团、农垦）的农机购置补贴辅助系统公示数据、各省份公布的首台（套）重大装备（拟）认定名单公示信息等多源大数据，对这 91 家农机企业的以上 14 个指标数据进行了采集和详细分析，在此基础上，根据设计的指标体系和系列数据处理原则，选出创新投入、创新过程、创新结果三个维度总得分排前 50 的农机企业。对这创新能力 50 强农机企业的创新能力分析评估，得出以下主要结论和对策建议。

6.1　主要结论

报告通过深入研究发现以下情况。

（1）从企业看，创新能力的头部效应较为明显。如创新能力最强的 50 家农机企业里，拥有国家级企业技术中心的只有 22%，拥有有效发明专利数超过 100 项的只有 9 家，超过 20 项的只有 5 家，牵头起草国家标准数量排第 1 的企业起草的国家标准数量是排第 2 企业的 5.6 倍，农机销售额排第 1 的企业销售额是排第 2 企业的 2 倍。

（2）从细分行业看，新型行业正在崛起。除了传统的拖拉机、收割机企业外，创新能力靠前的企业还有农用无人机企业、农用北斗终端及辅助驾驶系统企业、粮食和茶叶色选机企业。传统行业的头部企业的创新过程得分偏弱，主要度量市场体量的创新结果得分较高；而新型行业的头部企业的创新过程得分较高，创新结果得分由于市场还在成长中，有待进一步提升。

（3）从区域分布看，存在显著的区域集中情况。50 家农机企业中山东 12 家，江苏 7 家，河北、安徽各 4 家，浙江、新疆、河南各 3 家，广东、上海、湖南、黑龙江各 2 家，北京、湖北、重庆、天津各 1 家。

6.2　对策建议

针对前述评估结果，提出以下政策建议。

（1）加快促进传统农机企业转型升级实现高质量发展。传统农机企业市场体量大但创新过程指标表现不足，应加大创新力度、强化知识产权护城河的打造，避免陷入低水平模仿抄袭恶性竞争的困境，同时通过产品走出去、投资走出去、知识产权走出去等多种形式参与海外竞争，加快转型升级实现高质量发展。

（2）推动行业交叉融合。重点通过政策引导，鼓励北斗导航、人工智能、物联网等其他先进制造领域的骨干企业积极参与到农机研发创新中来，为农机行业高质量发展注入科技力量。

（3）加大对创新能力头部企业的扶持力度。政府应继续加大对农机企业，特别是创新能力较强的农机企业的科研支持力度，优化提升研发制造推广应用一体化资金的使用效率。

参考文献

[1] 张桃林. 以农业机械化支撑和引领农业现代化 [J]. 求是，2012（14）：41-43.

[2] 张宗毅，刘小伟，张萌. 劳动力转移背景下农业机械化对粮食生产贡献研究 [J]. 农林经济管理学报，2014，13（06）：595-603.

[3] 郎景波，王俊，李铁男，王大伟. 基于节水增粮行动背景下的黑龙江省高效节水灌溉装备需求分析 [J]. 排灌机械工程学报，2015，33（05）：456-460.

[4] 葛继红，周曙东. 农业面源污染的经济影响因素分析——基于1978—2009年的江苏省数据 [J]. 中国农村经济，2011（05）：72-81.

[5] 王喆，冯宏祖，马小艳，等. 无人机施药对棉蚜的防治效果及经济效益分析 [J]. 农药学学报，2019，21（03）：366-371.

[6] 高焕文，李问盈，李洪文. 中国特色保护性耕作技术 [J]. 农业工程学报，2003（03）：1-4.

[7] 胡静涛，高雷，白晓平，等. 农业机械自动导航技术研究进展 [J]. 农业工程学报，2015，31（10）：1-10.

[8] 徐建国，张勋. 农业生产率进步、劳动力转移与工农业联动发展 [J]. 管理世界，2016（07）：76-87+97.

[9] 郭玥. 政府创新补助的信号传递机制与企业创新 [J]. 中国工业经济，2018（09）：98-116.

[10] 陈国宏，李伟，苏俊明. 企业技术创新能力评价研究述评 [J]. 福建论

坛（人文社会科学版），2007（05）：24–27.

[11] 苟燕楠，董静 . 多维视角的企业创新绩效评价体系研究 [J]. 海南大学学报（人文社会科学版），2009，27（02）：191–197.

[12] 陈劲，赵闯，贾筱，梅亮 . 重构企业技术创新能力评价体系：从知识管理到价值创造 [J]. 技术经济，2017，36（09）：1–8+30.